KB043427

모두를 위한 통합교육을 그리다

특수교사 송명숙이 전하는
25년간의 도전과 실천 사례

모두를 위한 통합교육을 그리다

송명숙 지음

한울림스페셜

"장애인과 비장애인이 함께하는, 모두를 위한 통합교육을 실천하는 멋진 모델을 만든다."

특수교사인 나의 꿈이자 비전이다. 나는 누구든지 보고 따라할 수 있을 만큼 구체적이면서도 실현 가능한 통합교육의 모델을 만들고 싶었다. 모든 교사와 학생이 통합교육을 자연스럽게 실천하는 학교가 많아지는 것이 내가 꿈꾸는 세상이다.

이 목표가 때로는 나를 한없이 설레게 했고, 때로는 묵직한 부담으로 다가오기도 했다. 행복한 기대와 거룩한 부담을 안고 달려가던 어느 날, 나는 현실의 벽 앞에 멈춰버리고 말았다. 충분히 할 수 있을 거라 여겼던 이 일이 어쩌면 내가 넘볼 수 없는 영역일지 모른다는 생각이 들었다. 받아들이기가 쉽지 않았다. 모든 의욕이 사라졌다. 내 자존감은 바닥까지 떨어졌다.

그러던 어느 날, 강릉교육청 교사연수 강의를 맡게 되었다. 몸도 마음도 견디기 힘든 시기였지만 여느 때처럼 길을 나섰다. 울적한 내 마음처럼 출발할 때부터 가을비가 부슬부슬 내리기 시작했다. 비가 점점 더 거세게 쏟아지더니 횡성을 지날 즈음에는 안개까지 짙어져 시야를 완전히 가렸다. 가시거리가 50미터도 안 될 정도였다. 문득 중학교 사회 시간에 배웠던 겨울 북서풍이 떠올랐다. 동쪽으로 가다가 태백산맥을 넘지 못하고 버거워하는 북서풍이 마치 지쳐서 앞으로 나가지 못한 채 힘없이 멈춰 서있는 내 상황 같아 보였다.

그러나 북서풍에 감정이입을 하고 있을 여유가 없었다. 어느새 사방이 어두컴컴해져서 긴장과 두려움이 밀려들었기 때문이다. 말수가 많아서 나를 심심하게 두지 않는 남편도 초긴장 상태로 숨죽이며 운전에만 몰두할 정도였다.

그때였다. 빛이 보였다. 앞차가 켠 비상등이었다. 그 희미한 빛이 어둠 속에서 우리에게 안도의 숨을 쉬게 해주었다. 막막함은 사라졌다. 남편도 비상등을 켜고 천천히 앞차를 따라갔다.

문득 내가 통합교육을 처음 시작하던 때가 떠올랐다. 1996년 특수교사로서 처음 교직에 발을 내딛었던 그때, 학교에서는 현장 경험이 전무한 나에게 전폭적인 신뢰를 보내주었다. 그에 보답해 뭔가 해야 하는데, 따라 할 수 있는 표본이 될 만한 게 없었다. 주어진 것이라고는 통합교육이라는 목적지 하나뿐. 그야말로 짙은 안개 속에 남겨진 바로 전의 내 상황과 다를 바 없었다.

'그때 저런 비상등이 있었다면 얼마나 좋았을까?'

작고 희미한 불빛도 없어서 힘들어하던 시절을 떠올리자 지금 내가 해야 할 일이 무엇인지 깨닫게 되었다.

'그래, 비상등을 켜고 앞서가는 존재. 그것이면 된다.'

어둠 속에서 작은 불빛을 켜고 앞서 달려가는 것, 그게 바로 내가 해야 할 역할이다. 그 작고 희미한 깜박임만 있어도 다른 차들은 각자 자신의 힘으로 헤쳐 나갈 것이다. 그러다가 햇볕 한 줄기만 비추면 안개는 말끔히 사라질 것이다.

이 책은 대한민국 통합교육이 어렵고 힘든 가운데 내가 지금 몸담은 학교에서 지난 25년 동안 통합교육을 실천해온 이야기이다. 장애와 장애인을 바라보는 관점을 확인하고, 선도적으로 통합교육을 실천하기 위해 다양한 방법을 찾아 현장에 적용하며 경험한 사례를 나누고자 한다. 그리고 모두를 위한 통합교육이라는 목적지를 향해 가는 길목에서 우리가 어디로 가야 할지 나침반을 놓아보려한다.

통합교육이 짙은 안갯속 어둠만큼이나 막막하고 힘들다고 해도 목적지를 향해 비상등을 켜고 가는 누군가는 필요하다. 그 길이 아무리 힘들고 어려워도 통합교육을 실천하는 누군가가 있고 함께 가는 사람이 있으면 된다. 이 길에 함께하는 사람이 더 많아지기를 기대하며 모두를 위한 통합교육이라는 목적지를 향해 나는 오늘도 비상등을 켜고 달린다.

송명숙

장애를 바라보는 우리의 시선

'더불어 사는 사회'는 우리가 기대하는 이상적인 사회다. 그런데 비장애인과 장애인이 더불어 사는 사회는 세월이 흘러도 도무지 실현되지 못하고 있다. 왜 그럴까? 여러 가지 이유가 있겠지만, 내 생각에 가장 근본적인 원인은 우리가 장애를 바로 보지 못하는 데 있다. 그래서 우리가 해야 할 일이 무엇인지 알지 못한다.

대상을 어떤 시선으로 보느냐에 따라 그 대상에 대한 반응이 달라진다. 장애도 마찬가지이다. 먼저 장애를 바로 볼 줄 알아야 장애인에 대한 바른 태도와 행동이 뒤따를 수 있다. 우리가 지금 장애인과 더불어 살아가는 사회를 만들지 못하고 있는 것은 어쩌면 장애를 바라보는 우리의 시선이 잘못되어있기 때문인지도 모른다.

우리는 장애를 어떻게 바라보고 있는가?

장애, 치료하고 극복한다?

'장애'라는 말을 듣는 순간, 부담을 갖거나 불편함을 느끼는 사람이 많다. 그래서 장애학생의 부모조차도 장애라는 표현을 쓰기 싫어 우회적으로 돌려 말하곤 한다.

"우리 아이가 조금 아파요."

"우리 집에 아픈 아이가 있어요."

지적장애나 자폐성 장애 등의 발달장애가 있는 자녀를 둔 부모도 이렇게 말하곤 한다. 그런데 장애는 정말 아픈 것일까?

장애는 아픈 게 아니다. 즉 병이 아니라는 얘기다. 장애를 병으로 보게 되면 고칠 수 있다고 여기고 장애인과 그 부모에게 극복을 위한 개인적 차원의 노력을 요구하게 된다. 의학은 치료의 관점으로 장애에 접근하여 발전을 이루었으나, 신체적 결함이나 결손 이외에 발달장애를 치료한다는 건 특수교육의 관점이라고 보기 어렵다.

후천적 장애의 경우에는 재활 치료를 통한 방법이 있을 수도 있지만, 대개의 장애는 고치거나 극복할 수 있는 그런 단순한 것이 아니다. 발달장애는 더 말할 것도 없다.

종종 언론에서 장애를 극복한 사람의 사례를 마치 운동선수가 인간의 한계에 도전하는 이야기처럼 소개하곤 한다. 하지만 장애를 '비정상'으로 여기고 극복해서 '정상'으로 돌아오기를 기대해서는 안 된다. 예를 들어 지적장애는 다양한 영역(지적 능력, 사회에 적응하는 능력, 건강, 사회생활에 참여하는 능력, 가족과 사회의 환경적 맥락)에서 기능의 제한이 있다. 이러한 제한은 몇 가지 특정 치료로 고칠 수 있는 것이 아니다. 치료가 아니라 한 개인의 기능을 향상시키기 위한 자원과 전략이 필요하다.

대개의 장애는 치료되거나 극복할 수 있는 것이 아니다. 그저 '지니고 살아가야 하는 것'일 뿐이다. 치료로 기능이 조금 더 나아질 수는 있지만 장애라는 상태는 변할 수 없다.

우리는 모든 사람에게 슈퍼맨이 되기를 기대하지 않는다. 그런데 유독 장애인에게만은 '슈퍼장애인'이 되기를 기대하고 있는지도 모른다. 비현실적인 기대로 장애인에게 더 큰 짐을 지우고 있지는 않은지 돌아볼 일이다. 극복할 수 있다고 응원은 하지만 도와주는 건 내 일이 아니라고 여기는 건 아닌지 생각해봐야 한다.

장애는 혼자 극복할 수 없으므로 모두가 함께 생각하고 해결해나가야 한다. 장애인을 인격체로 존중하고, 더불어 생활하면서 필요할 때 서로 도움을 주고받을 수 있어야 한다. 그리고 통합교육을 통해 장애인과 비장애인이 함께 성장하고 성숙해야 한다. 그런데 장애에 대한 올바른 사회적 인식의 부족으로 장애인에 대한 많은 편견과 오해가 생겨난다.

'장애는 불편할 따름'이라며 너무나 대수롭지 않게 여기는 경향 또한 장애를 바로 보지 못하는 데서 생겨난 결과이다. 물론 장애를 무조건 두려워하거나 부정적으로 바라보는 시선을 바꾸려고 하는 말일 수 있다. 장애인과 비장애인을 동등하게 바라보도록 하려는 의도에서 나온 말일 것이다. 그렇지만 장애는 결코 불편할 뿐인 것만은 아니다. 장애가 있으면 의학적·생리학적으로 불편할 뿐 아니라, 사회적·심리적·교육적으로도 불이익이 이루 말할 수 없이 많다. 장애는 그렇게 쉽게 말할 수 있는 소재거리가 아니다.

그렇다고 장애를 돌려 말할 필요는 없다. 말하기 어색해하면 그만큼 더 멀게 느껴지기만 할 뿐이다. 장애는 그냥 장애다. 병도 아니고 아픈 것도 아닌 그저 장애일 뿐이다. 치료하거나 극복하는 게 아닌 '지니고 살아가야 하는 것'. 그런데도 장애를 지닌 개인에게 혼자 극복하기를 바라는 건 가혹한 일이다. 오히려 '극복할 수 없는 그 부분'으로 인해 생기는 차이를 메울 수 있도록 사회가 자원과 전략을 개발하고 지원해야 하는 일이다. 장애를 사회적 차원에서 바라보고 지원해야 한다는 올바른 인식 없이 통합을 이루기는 어렵다.

비장애인의 특성은 뭐죠?

장애이해교육 강의를 하러 가면 자주 듣는 질문이 있다.

"장애인의 특성이 뭐예요?"

"장애가 생기는 원인은 뭐지요?"

그러면 나는 조심스레 되묻는다.

"음…, 그럼 장애가 없는 사람들, 그러니까 비장애인의 특성은 뭐지요? 장애가 없는 원인은 뭘까요?"

누군가가 비장애인의 특성을 간단하게 말할 수 있다면, 장애의 특성도 그 정도로 답할 수 있을 것이다. 하지만 비장애인의 특성을 한마디로 말할 수 없듯이, 장애인의 특성을 말하는 것 역시 간단하지 않다. 비장애인이 저마다 다른 특성을 지닌 것처럼, 장애인도 모두 다르기 때문이다. 물론 질문한 사람은 장애를, 그리고 장애인을 이해하려는 의도로 물었을 것이다. 하지만 이런 질문으로는 어떠한 이해도 구할 수 없다.

일단 장애는 종류가 다양하며 유형도 다양하다. 또 같은 장애 유형일지라도 그 특성은 개인마다 아주 다르다. 장애인이라고 해서 무조건 동일한 특성을 갖는다고 생각해서는 안 된다. 흔히 말하는 혈액형별 특성이 때로는 맞기도 하지만, 때로는 틀리기도 하는 것처럼 말이다. 장애는 개인이 지닌 하나의 특성일 뿐이다.

물론 '특정 장애를 진단하기 위한 특성'이나 '장애로 인한 결과적인 특성'은 있다. 이를테면 시각장애인은 보이지 않기 때문에 불안과 긴장, 두려움이 많을 수 있고, 지체장애인은 신체의 결핍에 따른 심리적 소외감을 느낄 수 있다. 지적장애인은 어려움을 반복해서 겪으면서 학습된 무기력에 빠질 수 있고, 자폐성 장애인은 독특한 의사소통의 어려움과 제한적인 관심 등으로 사회성이 부족할 수 있다. 이처럼 장애 특성을 간략하게 말할 수는 있으나, 그 자세한 특성은 개인마다 다르다. 즉 장애인이라는 단일 집단이 있는 게 아니다. 장애인도 저마다 자기만의 아주 독특하고 다른 특성이 있다.

장애의 특성이나 원인을 알고 싶은 이유가 뭘까? 아무런 이유 없이 장애인에게 호기심을 보이고 장애를 가십거리로 삼는 건 그 당사자를 힘들게 하는 일이다. 궁금해할 수는 있지만, 단지 그 이유만으로 다가가서는 안 된다. 그런데 아쉽게도 우리 사회에는 장애인에 대해 호기심을 갖는 사람은 많은 데 반해, 진정한 애정과 관심을 가지고 장애인을 대하는 사람은 많지 않다. 멀찌감치 바라보며 궁금해하기만 할 뿐, 정작 장애인들 곁으로 다가가 그들을 알아가고 함께하기는 주저하는 것 같다.

정말 함께하려는 마음이 있다면 장애의 특성은 몰라도 된다. 장애인에게 도움이 필요하다고 느낀다면, 그 순간에 "뭘 어떻게 도와줄까요?" 하고 물어보면 된다. 장애인 본인이 직접 말할 수 없는 상황이라면 그 부모에게 물어보면 된다. 돕고 싶다면 어떻게 도와줄까, 하고 직접 물어보는 게 가장 간단하고 확실한 방법이다.

장애인과 비장애인이 서로를 있는 모습 그대로 인정하면서 서로에게 필요한 도움을 주기 위해 바라보는 시각이 필요하다.

아무도 모른다

특수교육에 대한 부푼 꿈을 안고 특수교육과에 입학한 열정 가득한 대학 1학년 때의 일이다. 전공 서적이 모두 영어 원서여서 한글 번역이며 예습을 철저히 해야 했는데, 특수교육학 책에 나와있는 장애의 원인은 생화학적 원인, 신경해부학적 원인, 유전, 뇌 발달 이상 등으로 아주 다양했다. 세부적으로 들어가면 여기에 다 열거하기 어려울 정도로 원인이 수없이 많았다.

'장애의 특성'에 대해 간단하게 말할 수 없는 것처럼, '장애의 원인'도 너무 많아서 뭐라고 쉽게 단정 지어 말할 수 없다. 내가 특수교육학을 배울 당시, 정년 퇴임을 앞둔 노 교수님의 강의는 복잡하고 어렵기가 이루 말할 수 없었다. 장애의 원인에 대해 이야기하면서 교수님이 내린 마지막 결론은 한마디로 "Nobody knows!"였다. 너무나 복잡해서 누구도 알 수 없다는 것이다.

오랜 시간 장애의 원인을 연구하고 가르쳤을 노 교수님의 결론은 얼핏 허무하게 들렸다. 하지만 이 결론을 듣고 나는 많은 생각을 하게 되었다. 원인을 알면 치료 방법을 찾게 될 거라는 생각처럼 장애가 단순하지는 않았다. 또한 장애는 그렇게 쉽게 판단할 수 있는 영역이 아니었다. 노 교수님은 장애의 원인에 관한 지식을 가르치는 걸 넘어서 장애인을 대하는 시각을 바로 갖게 해주셨다.

현장에 나와서 많은 장애학생을 만나고 그 학부모와 이야기해 볼수록 정말로 원인은 알 수 없었다. 지난 20여 년 동안 우리 학교를 졸업한 130여 명, 현재 재학 중인 70여 명의 장애학생 학부모 가운데 자녀가 장애를 갖게 된 원인을 알고 있는 사람은 손에 꼽을 정도다. 그렇게 많은 원인 가운데서 내 아이에게 왜 이런 장애가 생겼는지 그 답을 찾을 수 없었다는 것이다.

그런데도 사람들은 자꾸만 장애인의 가족에게 묻는다.

"왜 이렇게 된 거예요?"

부모도 모른다. 몰라서 너무나 답답하고 가슴 아프며, 누구보다도 원인을 알고 싶다. 스무 살 자녀를 먼저 앞세운 어느 엄마는 나중에 죽어서 꼭 신에게 물어볼 거라고 했다. 죄책감이 들수록 원인을 더 찾고 싶었다고 한다. 신에게 따져서라도 알고 싶다고 했다.

그 누구도 장애의 원인에 대해 명확하게 말할 수 없다. 설령 유전이라는 원인을 찾았다고 해도 왜, 어떻게 발현되었는지 설명할 수 없다. 아무도 모른다. 그런데 지금 우리가 그 원인을 굳이 찾을 필요가 있을까? 그게 비장애인이 장애인과 더불어 사는 데 도움이 될까?

불쌍하거나 천사 같거나

얼마 전 어느 정치인이 장애인 혐오 발언을 해서 구설수에 올랐다. 사실 그 정치인 외에도 장애인에 대한 잘못된 발언을 해서 유명인들이 비난을 받는 사례가 종종 있었다. 하지만 비난받아야 할 사람이 어디 그들뿐일까? 그 사람들을 비난하는 우리 역시도 어느 순간에는 자신도 모르게 장애인을 비하하고 있을지 모른다.

장애인을 보고 불쌍하다고 생각해본 적이 없는가? 동정심은 누군가를 나보다 못한 사람으로 여기는 데서 싹튼다. 장애인을 비장애인보다 열등하다고 보고 불쌍하게 혹은 특이하게 여기는 것을 비장애중심주의(ableism)라고 한다. 비장애중심주의 관점에서는 장애가 곧 결함이므로 장애인을 열등하다고 여기게 된다.

종종 지적장애나 자폐성 장애가 있는 학생을 '생각 주머니가 작은 아이'라고 표현하는데, 나는 개인적으로 이 표현을 아주 싫어한다. 알고 보면 생각 주머니가 작은 게 아니라, 생각한 걸 잘 표현하지 못하거나 다르게 표현하는 것일 수 있다. 생각을 못하는 게 아니라 너무 많은 생각을 하고 있다는 표현이 맞을 것이다.

　미디어에 등장하는 장애인을 아픈 손가락에 비유하는 장애 관련 공익광고에 대해서도 할 말이 많다. 왜 아픈 손가락이라고 할까? 그저 여러 개의 손가락 가운데 하나일 뿐인데. 동정하는 마음으로 내려다보는 게 오히려 장애인을 비하하는 것일 수 있다. 그런데도 우리 사회는 자꾸만 장애인을 비장애인과는 다른 존재로 구분해 바라보려고 한다. 이런 태도는 장애인을 비장애인과 동등한 사람으로 받아들이는 데 걸림돌이 될 수 있다.

　하나 더 언급한다면, 종종 장애인을 '천사 같다'고 표현하는데, 나는 그 말의 진정한 의미가 무엇인지 묻고 싶다. 아마도 어린아이를 천사 같다고 말하는 것과 비슷한 맥락일 것이다. 하지만 사람이 천사 같기만 할까? 나쁜 말도 하고 나쁜 행동도 하게 마련일 텐데. 장애인이라는 이유로 그 개인의 성향이나 특성, 필요와 요구를 모두 장애 하나로 뭉뚱그려서는 안 된다. 장애는 하나의 특성일 뿐이다. 그 사람이 지닌 다른 많은 특성과 기능을 무시해서는 안 된다.

　장애인이 잘못된 행동을 하면 어떤 사람은 장애 때문에 눈감아주고, 어떤 사람은 장애인을 비난하는 근거로 삼기도 한다. 그런데 어쩌면 그 행동은 장애가 있다는 이유로 제대로 훈육하지 않아서 생긴 것일 수 있다. 똑같이 가르쳐도 장애인은 비장애인보다 더 오래, 더 여러 번 훈육해야 할 수 있는데, 오히려 장애가 있으면 훈육이 불가능하다고 생각하는 사람을 많이 보았다.

장애인에게도 자신이 어떤 행동은 해도 되고, 어떤 행동은 하면 안 되는지 판단하는 건 아주 중요한 문제다. 그러므로 고쳐야 할 행동이 있다면 시간이 걸리더라도 바로잡아야 한다. 다만 장애로 인한 행동이라면 무조건 잘못된 행동이라고 규정짓지 말아야 한다. 누구에게나 피치 못할 사정은 있게 마련이니까.

이처럼 우리 사회는 알게 모르게 장애나 장애인에 대해 너무 쉽게 이야기한다. 불쌍해하면서 그걸 배려라는 이름으로 포장하기도 하고, 반대로 천사거나 악인으로 함부로 낙인찍고 평가하려 들기도 한다. 지금 필요한 건 장애를 고쳐야 하는 나쁜 것으로 보지 않는 것이다. 장애인을 동등한 인간으로 존중하며 바라보는 시선이 필요하다. 우리가 여기에 평가를 더 얹을 필요는 없다.

우리 사이가 친구?

나는 '장애우'라는 표현을 거의 쓰지 않는다. 그런데 언제부터인가 이 말을 쓰는 사람이 많아졌다. '벗 우(友)'자가 들어가서일까? 장애인이라는 말보다 왠지 더 친근하게 들리기도 하고, 장애인을 더 배려하는 것 같은 느낌이 들기도 한다. 그럼에도 내가 이 표현을 쓰지 않는 이유가 있다. '장애우'라는 표현이 우리에게 그릇된 인식을 심어줄 수 있기 때문이다.

흔히 우리는 유치원에 다니는 아이들을 부를 때 '○○친구들~'이라고 한다. 교사나 목사님을 향해 '선생 친구' '목사 친구'라고 부르지는 않는다. 즉 아랫사람을 대할 때 친근감을 표현하기 위해서 '○○친구'라는 말을 조금 더 부드러운 표현으로 사용해왔다. 그러다 보니 어쩌면 장애우라고 부르는 게 나도 모르게 장애인을 '나보다 낮은 존재'로 보고 하대하는 건 아닐까 하는 생각이 든다.

나이 든 사람에게 '○○친구'라는 말을 쓰지 않는다면 성인이 된 장애인에게 '장애친구'라 부르는 게 과연 적절한 것일까? 장애인이라고 우리 마음대로 친구라고 불러도 되는 걸까? 장애인은 자신을 장애우라고 부르는 사람을 보며 무슨 생각을 할까?

'내가 당신과 친구예요? 처음 봤는데….'

'저를 아세요? 전 당신이 누구인지 모르는데….'

장애인이라는 말을 입 밖에 내기 어렵고 불편해서 '장애우'라고 부르는 거라면 그럴 필요 없다. 그냥 장애인이라고 하면 된다. 그리고 보통 진짜 친구 사이에서는 그냥 이름을 부른다.

내게는 지체장애가 있는 친구가 있다. 한쪽 다리가 더 짧고 관절이 약해 걸음이 불편한 그 친구는 어릴 때 놀림을 많이 받아서 마음의 상처가 많이 남아있다. 그런데 난 그 친구를 장애우라고 불러본 적이 없다. 아니, 장애우라고 생각해본 적이 없다. 가끔 그 친구에게 장애가 있다는 걸 잊고 나의 빠른 걸음걸이를 의식하지 못한 채 걸을 때가 있을 정도다. 내게 그 친구는 그냥 친구일 뿐이다. 그래서 나는 그 친구 이름을 부른다. 아마 누구나 그럴 것이다. 이건 내가 여자인 건 맞지만 굳이 '여자'라고 불릴 필요가 없는 것과 같다. 그냥 '송명숙'이라는 내 이름으로 불러주면 되는 것과 같다.

장애인끼리, 수준에 맞게?

"장애인은 장애인의 수준에 맞는 것을 배우고 장애인을 위한 프로그램이나 활동에 참여하는 게 더 도움이 될 것이다."라고 말하는 사람을 많이 보았다. 장애학생은 자기 수준에 맞게 배울 수 있는 특수학교에 진학하는 게 더 유익하지 않느냐고, 일반학교는 교육과정이 복잡하고 어려우니 장애학생만 다니는 특수학교에 다니는 것이 더 적절하지 않느냐고 말한다. 심지어 생활도 장애인끼리 모여 장애인 시설에서 사는 것이 더 편리할 것이라고 말한다.

내 경험으로는 특수학교나 특수학급에서 하는 활동보다는 일반학교와 일반학급에서 하는 활동이 더 다양하고 흥미로웠다. 특수학교나 특수학급에서는 그만큼 다양한 활동을 할 수가 없었다. 단순해서 그만큼 재미가 없기도 했다. 중요한 것은 장애인 본인이 무엇을 더 좋아하고 무엇을 누리며 살아가느냐이다. 이것은 다른 사람이 섣불리 판단할 문제가 아니다.

20년 전의 일이다. 우리 학교에 다니던 연호라는 아이가 갑자기 도전적 행동이 심해져서 통합교육이 어렵다는 판단 아래 특수학교로 전학을 갔다. 그런데 그 학교에 적응하지 못하고 다시 일반학교로 전학을 갔다. 연호가 특수학교에 적응하지 못한 이유는 의외였다. 당시에는 특수학교 한 학급의 정원이 12명이었는데, 저마다 다른 장애를 지닌 반 친구들의 도전행동을 보면서 연호가 스트레스를 심하게 받았다고 했다. 비록 자기가 수업 중에 소리를 지르고 화를 낼지언정 다른 친구들은 조용하게 수업했던 통합교육 상황이 더 좋았던 것이다. 연호는 우리 학교에서 장애학생들과 특수학급에서 공부하는 몇 시간 이외에는 학교에서 지내는 대부분의 시간을 비장애또래와 함께 지냈다. 그러다 보니 학급의 많은 학생이 도전행동을 보이는 특수학교가 싫었던 것이다.

나는 심한 '노래방 울렁증'이 있다. 음치라서 노래를 못 부르는데다가 탬버린조차 치기 어려운 박치다. 그래서 노래방 가는 걸 아주 싫어한다. 그런데 얼마 전 두고두고 기억에 남을 만큼 즐거운 노래방 경험을 하게 되었다.

평소 친하게 지내던 교장선생님이 퇴임식을 하던 날, 노래 잘 부르는 동료들과 함께 노래방에 갔다. 집에 빨리 가고 싶어서 열심히 부르는 고참 교사, 분위기 메이커인 닭살 커플, 흥과 끼가 흘러넘치는 부부 교사, 결혼식 축가를 도맡아 하는 성악가 포스의 막내 교사가 그 자리에 함께 있었다. 노래를 잘 부르는 사람들과 있으니 내가 마이크 잡고 노래 부르지 않아도 되고, 그저 다른 사람이 부르는 노래를 들으며 즐길 수 있어 좋았다.

그때 알았다. 그동안 나처럼 노래 못하는 사람들과 함께 노래방에 갔기 때문에 재미없고 싫었던 것일 수도 있다. 내가 못 불러도 노래 잘 부르는 사람들과 함께하니 얼마나 행복하던지!

통합교육 상황에서 장애학생 누군가는 나처럼 자신은 뭔가를 잘 못하지만 다른 사람이 하는 걸 보는 것으로 충분히 즐기고 있는지도 모른다. 혹은 즐기지 못하더라도 함께있는 것만으로 그 문화를 배우고 익히는 시간이 될 수 있다.

10년 전, 같은 교무실을 사용하는 교사 7-8명이 친목 도모를 위해 영화를 보고 저녁 식사를 같이한 적이 있다. 새로 온 체육 교사가 추천한 영화는 평점 8이 넘는 〈트렌스포머2〉였다. 난 원래 공상과학영화나 비현실적인 영화를 좋아하지 않는다. 영화가 시작되고 얼마 지나지 않아 나는 잠을 자고 말았다.

영화가 끝나고 아무 일도 없었던 듯이 식사 장소로 자리를 옮기고 내가 좋아하는 음식을 추천하며 함께 즐거운 시간을 보냈다. 이해가 안 되고 보기 싫다고 영화관을 뛰쳐나오지는 않았다. 영화가 재미없으면 눈 감고 자는 교양과 예의(?)를 갖추고 있었던 덕분에 좋은 사람들과 함께 끝까지 그날을 즐길 수 있었다. 영화는 이해하지 못했어도 그 사람들과 함께 있는 그 자체가 좋았다. 누군가 나에게 그런 영화를 이해하지 못하니까 나이 많은 아줌마들끼리 앉아서 산나물이나 다듬으라고 하면 나는 싫었을 것이다. 나에게 무엇이 더 좋은지는 다른 사람이 결정할 일이 아니다.

통합교육이 가끔은 장애학생에게 어렵고 힘들 수 있다. 그렇지만 그 시간이 비장애또래와 함께 지내는 방법을 배우고 더 큰 행복을 찾아가는 과정일 수 있다. 내가 영화를 이해하지 못해 눈을 감고 자는 행동을 했던 것처럼, 장애학생도 교실에서 그렇게 행동하는 상황이 생길 수 있다. 누구나 세상을 살면서 쉽고 편안한 것만 할 수는 없다. 비장애학생이라고 해서 학교생활에 어려움이 없는 것은 아니다. 미래를 위해 어느 정도는 스트레스를 감수해야 한다. 마찬가지로 장애학생도 적절한 스트레스를 견디고 다양한 상황을 경험하는 것이 필요하다. 장애인이라고 해서 꼭 장애인들끼리 모여 살고 그 수준에 맞는 걸 해야 한다는 생각은 아주 위험한 발상이다.

'장애'라는 용어가 필요할 때

장애와 장애인을 바라보는 우리의 시선이 왜곡되는 핵심 원인은 장애인과 비장애인을 구분 짓고 이원화하는 데 있는지 모른다. 이분법적 사고로 장애인과 비장애인을 무조건 둘로 나누어 생각하는 것이다. 과연 장애와 비장애가 명확하게 구분될 수 있을까?

자폐성 장애를 일컫는 정확한 표현은 '자폐스펙트럼 장애' 또는 '자폐 범주성 장애'이다. 같은 자폐성 장애라 해도 개인마다 나타나는 구체적인 양상과 심각성의 정도가 다르고, 그 범위가 넓게 펼쳐져 있다는 뜻이다. 실제로 자폐성 장애인지 아닌지 애매하다고 말하는 사례가 많다. 또 몇 가지 특성만으로 자폐성 장애 유무를 판단할 수 없다. 전문가를 통해 종합적인 검사를 받고 명확한 진단 기준에 근거하지 않고는 판단하기가 매우 어렵다.

특수교육과를 졸업하고 치료실과 학교에서 자폐성 장애 아이들을 제법 가르치면서 자폐성 장애에 대해 알만하다 싶을 때의 일이다. 첫 아이가 생후 7-8개월 즈음 되었는데 실이나 끈만 보면 계속 풀고 손에서 놓지를 않았다. 방 한쪽 벽 콘센트에 꽂힌 전깃줄을 붙잡고 장판 속까지 뒤집어가며 전선을 따라 기어가기도 했다. 조금 더 크면서는 장난감 자동차 바퀴를 하염없이 쳐다보고 만졌다. 4-5세 때는 어린이 생활 영어 카세트테이프가 다 늘어날 때까지 수천 번은 들었을 것이다. 뜻을 알고 하는 게 아니라 마치 앵무새처럼 순서대로 다 외우고 나서야 멈추었는데, 이것 또한 내가 만났던 영어를 좋아하는 자폐성 장애유아에게서 보았던 모습이었다. 경험이 적은 특수교사 엄마 눈에는 이런 모습만 포착되었다. 비장애아이도 장애아이들이 보이는 행동을 하곤 하는데 말이다.

장애인에서 비장애인으로 되는 건 어려운 일이지만, 반대로 비장애인에서 장애인으로 되기는 쉽다. 실제로 우리나라 등록 장애인 가운데 약 15퍼센트 전후만이 선천적 장애인이다. 나머지는 모두 후천적으로 장애를 얻었다. 사고로 장애를 얻은 경우가 대부분이지만, 질병 등으로 장애인이 된 사람도 있다. 또 나이가 들면서 대부분의 사람이 장애인의 대열에 들어서게 된다.

장애를 이해하면 나중에 나이 든 나를 받아들이는 데 많은 도움이 된다. 장애인과 더불어 살아가려는 노력이 나 자신을 위한 일이 될 수 있다는 것이다. 그렇다면 우리 사회에서 굳이 '장애인' 혹은 '장애'라는 용어를 사용하는 이유는 무엇일까?

사회적으로 '혜택을 주기 위해서'이다. 장애인을 거리감 있게 바라보거나 비장애인과 구분 짓기 위해서가 아니라, 장애인에게 무엇이 필요한지 알고 이를 지원하기 위한 것이다. 예를 들어 '장애인 주차장'이나 '장애인 화장실' 등은 특별한 지원이 필요한 사람을 판별

하고 적절하게 지원하기 위해서 필요한 용어이다. 또한 '장애'라는 용어는 장애가 있는 사람을 법적으로 보호할 때, 그리고 장애인 당사자가 사회적으로 자기주장을 명확하게 하기 위해 자기옹호단체를 만들 때도 필요하다.

그러나 현실에서는 장애라는 용어를 쓰면서 장애인을 분리하거나 차별하는 일이 많이 일어난다. 장애라는 말만 나와도 편견을 갖기도 한다. 그러므로 장애에 대해 명확하게 설명하거나 장애인을 지원하기 위한 목적이 아니라면 '장애인'이라는 말은 최대한 쓰지 않는 게 좋다. 그냥 그 사람의 이름을 부르면 된다. 장애인과 비장애인을 나누고 구분 짓는 것이 아니라, 동일선상의 어느 지점에 함께 서 있는 동반자로 바라보도록 우리의 인식을 바꿔야 한다.

장애학생의 학부모와 비장애학생의 학부모는

통합교육의 중요한 주체이다.

장애가 있고 없고를 떠나 같은 학부모 입장에서

서로를 이해하고 경험을 공유하며

통합교육의 가치를 인정할 때

우리 아이들은 더 멋지게 성장할 수 있을 것이다.

1장

통합교육 싹 틔우기

: 가정에서

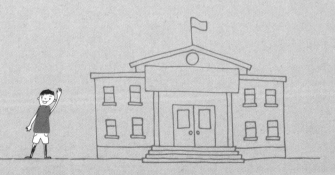

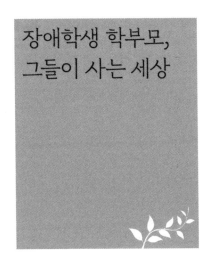

장애학생 학부모,
그들이 사는 세상

2005년에 개봉한 영화 〈말아
톤〉은 실존 인물의 이야기로, 자폐성 장애인의 삶을 다루고 있다. 장
애가 있는 아들을 키우는 가족의 삶과 자폐성 장애인이 살아가면서
마주하는 다양한 현실을 잘 보여주어서 무척 공감하며 보았다. 그런
데 영화 내용 중에 내 마음을 아주 아프게 한 대사가 있다. 어려서
부터 얼룩말을 유난히 좋아했던 주인공이 지하철 승강장에서 얼룩
말 무늬 치마를 입은 여자의 엉덩이를 만져 치한으로 오해받고 얻어
맞는 장면에서 피를 흘리며 큰 소리로 외쳤던 말이다.

"우리 아이에게는 장애가 있어요!"

자신이 뭔가 잘못할 때마다 엄마가 하던 말이었다. 주위 사람에게 미안해하며 양해를 구하기 위해 엄마가 이렇게 말하는 걸 자주 보았기에, 혼자 궁지에 몰려 어쩔 줄 모르던 주인공은 이렇게 외쳤던 것이다.

"우리 아이에게는 장애가 있어요"

자녀에게 장애가 있다는 사실을 알게 된 부모는 그 충격이 얼마나 클까. 옆에서 지켜보는 사람도 안타깝기 그지없다. 그동안 나는 친척, 이웃, 학부모 등 다양한 관계에서 장애아이의 부모를 만나왔다. 그중에는 특수교육 전문가도 있고, 같은 대학 같은 과를 졸업한 선배도 있다. 자폐성 장애가 있는 아들을 둔 그 선배는 아이가 초등학교 3학년이던 어느 봄날 내게 이런 이야기를 했다.

"어제 보니까 꽃이 폈더라. 세상에! 지난 10년 동안 꽃이 핀 걸 본 기억이 없어. 그동안도 꽃이 피고 바람도 불었을텐데 말이야."

아이에게 장애가 있다는 걸 안 순간부터 꽃이 피는지 바람이 부는지 한 번도 느끼지 못하고 살아왔다고 했다. 장애가 치료될 거라는 막연한 기대도 없었기에 더 두렵고 절망적이었다. 다른 건 아무것도 눈에 들어오지 않고 오로지 아이의 장애만 보였다. 온통 아이에게 가르쳐야 하는 일뿐이었다. 조금이라도 더 많이 알게 하고 더 잘하게 하기 위해서는 하루가 25시간이어도 모자랐다고 한다.

내가 만난 대부분의 부모가 그랬다. 자녀의 장애 상태는 저마다 다르지만, 아이의 장애를 받아들이고 인정하기까지 거치는 과정은 크게 다르지 않았다. 대부분이 처음에는 '의사가 진단을 잘못했을 거야.' '그럴 리가 없어.' 하며 여러 병원과 전문가를 찾아다닌다. 시간이 지나면서 비장애아이와 다른 점이 하나씩 더 드러나 장애라는 사실이 분명해지면 아이를 혼내기도 하고 달래보기도 한다. 자신이 잘못한 게 있어서 이런 일이 생긴 건 아닐까 하며 죄의식에 빠지기도 한다. 어떤 엄마는 자신이 초등학생 시절에 짝꿍을 바보 같다고 놀린 적이 있는데, 그것 때문에 아이가 장애를 갖게 된 건 아닐까 하며 어린 시절의 사소한 잘못까지 떠올렸다.

또한 자녀가 비장애아이와 다르다고 판단하면 많은 부모가 다양한 치료를 시도한다. 그 과정에서 자녀의 전인적인 모습은 보지 못하고 장애만 점점 더 집중해서 보기도 한다. 어떤 유형의 장애가 있는 아이라도 장애만이 아니라, 그 아이만의 장점과 특성을 가지고 있게 마련이다. 그러나 부모 눈에는 온통 장애만 보여서 치료에 매달리느라 자칫 부모-자녀 간의 관계를 쌓는 시간을 놓치기도 한다.

부모마다 겪는 심리적 상태와 반응은 조금씩 차이가 있지만,

결국 현실을 마주하며 살아가야 하는 것은 같았다. 장애를 더 이상 부인하거나 죄책감에 빠져있을 수만은 없다는 걸 깨닫고는 불안과 우울의 늪에서 헤어 나와 해결 방법을 찾기 위해 눈물어린 과정을 거쳐야 했다. 또 장애가 있는 자녀라도 잘하는 게 있게 마련이지만 그걸 보기까지 걸리는 시간은 부모마다 다른 것 같았다. 새로운 발걸음을 내딛는 모습도 각자 달랐다.

'아플 때 아프다고 소리를 지르면 통증이 줄어든다'고 한다. 개인의 성향에 따라 차이가 있겠지만, 실험 결과 아플 때 아무 소리 없이 꾹 참는 사람보다는 '아' 하고 소리 지르는 사람이 통증을 더 잘 견딘다고 한다. 30년 전 간호사관학교에서 간호학 수업 중에 들은 이야기다. 그때 나는 진로 문제로, 어떻게 살 것인가 하는 고민으로 아주 힘든 시간을 보내고 있었다. 하지만 혼자 참고 억누르기만 했다. 아프고 힘들다고 소리칠까 고민도 했지만, 자존심이 상해서인지 아니면 그런 나를 용납할 수 없어서인지는 몰라도 하여간 말하고 싶지 않았다. 그 경험으로 힘들다고, 도와달라고 말하는 것에는 용기가 필요하다는 걸 깨달았다.

아이의 장애를 받아들이고 생활할 준비가 되기 전에는 차마 입에서 떨어지기 어려운 말이 바로 "우리 아이에게는 장애가 있어요." 이다. 그 말이 내게는 혼자서는 도저히 해결하기 어려우니 도와달라고 손 내미는 이야기로 들렸다. 아프다고 소리 지르는 모습과 흡사하게 느껴졌다. 얼마나 어려운 말이었을지 상상이 가기에 나는 영화를 보다가 주책없이 눈물을 흘리고 말았다.

지난 25년 동안 나는 많은 장애학생 학부모와 소통하고 그들의 눈물을 함께 닦으며 지냈다. 그러나 아직도 장애아 부모의 마음을 진심으로 다 이해하지는 못할 것이다. 장애자녀를 둔 부모는 어떻게 해야 한다고 말하는 것조차 미안할 때가 있다. 그렇지만 먼저 그 길을 걸어간 부모들의 사례를 참고해서 지금 처한 고민의 늪에서 벗어나 부모-자녀 간의 관계를 잘 형성해가기를 기대한다.

치료실을 찾아서

25년 전, 지금 근무하는 학교에 처음 왔을 때 특수학급 앞에는 '클리닉(Clinic)'이라고 적힌 표지판이 붙어있었다. 공립학교에서는 모두 '특수반'이라고 불렀는데 말이다. 왜 '클리닉'이었을까? 누가 그렇게 하자고 정했는지 정확히는 알지 못한다. 하지만 멋있어 보이려고 영어를 쓴 게 아닌 건 분명하다. 학교 재단이 미국의 영향을 받은 탓도 아닐 것이다.

개교 당시인 1990년대 중반은 장애아동을 대상으로 하는 '치료실'이 많이 생겨나던 시기였다. 유전학과 의학이 급속히 발전하면서 장애를 손상과 결함의 문제로 보고 재활과 치료에 관심이 집중되었다. '치료실'이라는 말만큼 아이가 낫기를 바라는 부모의 기대와 소망을 잘 드러내는 것은 없다. 장애에 대해 잘 알지 못할뿐더러 내 아이에게 왜 장애가 생겼는지 이해할 수 없는 부모로서는 그저 잘 치료해줄 것 같은 전문가를 찾아 아이를 맡기는 수밖에 없다. '클리닉'은 당시의 시대상을 아주 잘 보여주는 표지판이었다.

장애자녀를 둔 부모는 대부분 특수교육 관련 서비스라고 불리는 다양한 치료를 받기 위해 많은 비용을 부담한다. 내가 대학을 졸업한 첫해에 치료실에서 근무하며 만난 어느 학부모는 가정 형편이 아주 어려웠다. 남편과 두 아이까지 네 식구가 언덕길 단칸방에 살면서도 월세의 몇 배가 되는 치료실 비용을 부담하고 있었다. 세월이 많이 흐른 지금도 치료 비용은 아주 높다. 며칠 전에 만난 일곱 살 자녀를 둔 학부모는 아이를 유치원에 보내지 않고 치료실에만 다니는데도 한 달에 150-200만 원이 든다고 했다. 아이가 조금 더 잘 걷고 조금 더 말을 잘할 수 있게 해서 유치원에 보내려고 하다 보니 입학이 자꾸만 늦춰졌다고 한다.

장애아동을 대상으로 하는 치료의 종류는 무척 다양하다. 언어치료, 물리치료, 작업치료, 음악치료, 미술치료, 심리치료, 놀이치료, 승마치료, 독서치료 등등 이루 다 열거할 수 없을 정도로 많다. 지금 이 순간에도 새로운 이름의 치료가 늘어나고 있을지 모른다.

그러나 병원에서 하는 의료 행위로서의 치료 이외에, 최근에 생겨난 이름도 생소한 온갖 'OO 치료'라는 용어를 특수교육을 전공한 사람들은 조금 불편해한다. 나는 'OO 치료'보다 'OO 교육'이라는 말을 선호한다. 사전적인 의미로 보면, '치료'는 병을 낫게 한다는 뜻이고, '교육'은 지식과 기술을 가르치며 인격을 길러주는 것을 말한다. 장애는 아픈 것도 아니고 병도 아니므로, 치료가 아니라 교육을 하는 것이 맞는다고 생각한다.

내가 '치료 교육'에 문외한이라서 이런 소리를 한다고 누군가는 치부할지도 모르겠다. 그러나 나 또한 치료라는 말의 매력에 빠져 대학 시절에 미술치료 전문가 과정을 다녀보기도 했다. 심지어 박사학위 과정 중에 놀이치료 과목을 이수하기도 했다. 뭔가 드라마틱하게 장애를 개선할 방법이 있을지 모른다는 부모들의 마음을 이해하고 싶었고, 또 인정하고 싶기도 했다. 아동 발달 영역에는 치료 교육이 많은 도움이 될 수 있다는 걸 알았고, 그 방법을 장애학생에 대한 개별 지도에 접목할 수 있는 부분이 있다는 것도 알았다.

그러나 특수교육을 시작한 이래 30년 동안 특정 치료로 장애를 고친 경우를 본 적이 없어서 그런지 몰라도, 아이들이 보여준 성장과 성숙을 치료의 결과라고 표현하기는 애매하다. 비장애인이 성장하면서 배우고 발전하듯이, 장애인도 성장하면서 교육으로 발전한다. 비장애인은 저절로 성장하고, 장애인은 치료로 고쳐야 한다고 생각하면 안 된다. 장애인도, 비장애인도 교육으로 성장한다! 나는 천생 교사인가 보다. 장애학생을 치료해서 낫게 할 수 있다고 생각하지 않지만, 교육으로는 엄청난 발전이 이루어진다고 생각한다.

얼마 전 부모교육 강의를 의뢰받고 장애아동을 위한 발달학교에 방문한 적이 있다. 간혹 공교육을 불신하여 장애자녀를 학교에 보내지 않는 부모들이 있는데, 대안학교를 겸한 치료센터인 그곳에는 6세부터 12세까지 지적장애 및 자폐성 장애 학생 8명이 다니고 있었다. 특수교사가 수업을 운영하며, 교육과정은 감각통합치료에 중점을 두고 언어치료와 특수체육 등으로 짜여있었다. 보조교사도 충분히 배치하여 오전 10시부터 오후 4시까지 수업을 하는데, 비용이 월 200만 원이 넘는다고 했다.

나는 강의 도중에 부모들에게 왜 아이를 학교에 보내지 않고 이곳을 선택했는지 물었다.

"지금은 치료 교육이 더 중요하다고 생각했어요."

"학생을 정말 사랑하는 헌신적인 교사들이 있어서요."

공교육은 장애학생에게 맞는 적절한 교육을 하지 못할 거라는 불신이 낳은 결과였다. 무엇보다 치료를 포기할 수 없다고 했다.

나는 4회에 걸친 부모교육을 모두 마친 뒤, 조심스럽게 정식 학교 교육을 권했다. 적은 시간이라도 아이가 학교생활을 경험하는 것은 큰 도움이 된다고 믿기 때문이다. 이제는 시대가 달라져서 공교육에서도 긍정적 변화가 일어나고 있으며, 교육의 질도 많이 향상되었다고 안내했다. 자녀가 따돌림이나 무시, 교사의 냉대 등을 겪게 될까 봐 불안해하는 심정은 충분히 이해하지만, 두려워하지만 말고 시도해보라고 했다. 아니다 싶으면 그때 그만두어도 늦지 않을 것이라고 덧붙였다. 장애자녀에게 공교육은 물론이고 통합교육을 받을 수 있는 기회를 주어 다양한 경험을 제공하라고 제안했다.

그날 내 강의를 들은 부모 가운데 몇 분은 그다음 해에 아이를 공립 초등학교에 보냈다. 장애자녀도 학교생활을 경험하고 다양한 혜택을 누리는 것이 꼭 필요하다는 것을 이해한 것이다.

부모로서는 아이가 낫기를 바라는 소망의 끈을 놓을 수 없다는 걸 잘 알고 있다. 그 기대마저 없으면 한동안 절망의 늪에 빠져 허우적댈 수도 있다. 물론 자녀가 초등학교에 입학하고 학년이 올라가면서 다니는 치료실의 수가 줄어들기는 한다. 하지만 마치 비장애 아이가 학원에 가듯이, 장애아이는 치료실에 다니는 것이 보편적이다. 이 시간에도 많은 부모가 치료실에서 시간을 보내고 있다.

내가 치료실 교육을 반대하는 것은 아니다. 다만 치료에만 너무 의존하여 자녀가 가정과 학교, 지역사회에서 비장애인과 자연스럽게 어울리고 많은 걸 경험할 수 있는 기회를 놓쳐서는 안 된다는 이야기이다. 더 이상 장애가 치료되기만을 바라며 시간을 허비하지 않기를 바란다. 아이와 함께 한 걸음이라도 더 세상으로 나아가고 조금 더 성장할 수 있기를 간절히 바란다.

마지막으로, 25년 전 우리 학교 특수학급 앞에 붙어있던 '클리닉' 표지판은 내가 오고 나서 얼마 지나지 않아 더 이상 쓰지 않게 되었다. 치료가 아닌 교육의 관점에서 통합교육을 지원한다는 의미를 담은 '통합교육지원실'로 명칭을 변경하여 지금까지 사용하고 있다.

장애아이 부모, 학부모가 되다

장애자녀를 둔 부모는 충격과 부정, 죄책감, 좌절 등의 심리적 과정을 거치면서 힘겹게 자녀의 장애를 인정하고 수용하게 된다. 이후 가정에서 부모-자녀 관계를 형성하는 데 어느 정도 익숙해질 무렵이 되면 또 한 번의 큰 걱정이 밀려온다. 다름 아닌 자녀의 초등학교 입학이다. 비장애자녀를 둔 부모도 초등학교 입학을 앞두고는 자녀가 마냥 아기 같아 보여 마음이 안쓰럽고 불안한데, 장애자녀를 둔 부모는 어떨까. 불안과 걱정이 훨씬 더 많을 수밖에 없다.

학교에서 일어나는 장애학생에 대한 왕따나 괴롭힘 등에 대한 보도가 언론 매체에서 끊임없이 쏟아진다. 준비되지 않은 상태에서 시작한 통합교육으로 생길 수 있는 부작용에 대한 사례는 아이를 학교에 보낼 자신조차 없게 만든다.

몇 년 전 자녀의 초등학교 입학 준비를 위한 부모교육 강의에서 만난 다운증후군 자녀를 둔 부모 40여 명은 모두 한결같은 마음이었다. 아이가 학교에서 친구들과 잘 지낼 수 있을지, 선생님이 장애가 있는 내 아이를 싫어하지는 않을지, 누군가가 아이를 해코지하지는 않을지 등등 불안한 마음에 걱정이 이만저만 아니었다.

모두가 아이를 안전하게 학교에 보낼 수 있기를 바라면서도, 크게 어려움을 겪지만 않는다면 자녀를 비장애아이들처럼 일반학교에 보내고 싶어 했다. 자녀를 일반학교에 보내기 위해서는 무엇을 준비해야 하느냐고 내게 물었다. 글자를 얼마만큼 알고 가야 하는지, 아이가 화장실에 혼자 가지 못하는데 어떻게 해야 하는지, 밥을 혼자 먹지 못하는데 급식은 어떻게 해야 하는지 등등 궁금한 게 한두 가지가 아니었다. 모든 게 걱정스러워서 아무리 준비해도 끝이 없을 것 같다고도 했다. 과연 장애자녀를 둔 부모는 초등학교 입학 준비를 어디까지 해야 마음을 놓을 수 있을까?

특수학교 vs 일반학교

우선 나는 자녀를 특수학교에 보낼 것인지 일반학교에 보낼 것인지부터 결정해야 한다고 강조한다. 아이가 자라서 성인이 되었을 때 어떻게 생활하기를 바라는지 그 모습을 염두에 두고 학교를 결정하라고 제안한다. 그리고 자신이 무엇을 위해서 그 학교를 선택했는지 잊지 말라고 당부한다. 분명 특수학교는 특수학교의 기능이 있고, 일반학교는 일반학교의 기능이 있다.

일반학교를 선택할 때는 장애자녀가 졸업한 뒤에도 지역사회에 통합하겠다는 목표를 가지라고 이야기한다. 내 아이는 스스로 할 수 없으니, 누군가가 대신해주고 안전하게 보호만 잘해주기를 바란다면 일반학교를 선택해서는 안 된다. 아이에게 괜한 고생만 시키는 것이 될 수 있다.

통합교육은 아이에게 상당한 스트레스가 될 수 있다. 모든 걸 새롭게 배워야 하기 때문이다. 다른 사람과의 관계에서 생기는 문제를 하나씩 헤쳐 나가는 어려운 과정을 배운다. 하지만 나중에 성인

이 되어 사회생활을 하기 위해서는 꼭 필요한 경험이다. 다행인 것은 학교라는 공간은 사회보다는 안전한 공간이기에 충분히 배워나갈 수 있다는 것이다. 그래서 나는 일반학교를 선택한다면 자녀에게 작은 사회인 학교에서 많은 걸 배우고 경험할 수 있도록 기회를 주겠다는 목표가 흔들리지 않아야 한다고 강조한다.

긍정적인 상호작용하기

최근에는 부모-자녀 간에 관계를 잘 형성해서 학교에 보내라고 권하고 있다. 초등학교 입학 전에 자녀가 부모와 긍정적인 상호작용을 많이 하는 것이 가장 필요하다고 생각하기 때문이다. 그래서 부모들에게 아이와 잘 노는 방법에 대해서 알려준다.

우선 매일 5분 정도 시간을 내어 아이와 특별한 놀이 시간을 가지라고 권한다. 그리고 놀이를 하는 동안에는 자녀가 잘한 행동이 있으면 그게 아무리 사소한 행동이어도 칭찬해주라고 당부한다. 가끔 아이에게 칭찬할 게 없다고 말하는 부모들이 있는데, 어렵게 생각할 것 없다. 그냥 서있으면 서있다고 칭찬하고, 손을 들고 있으면 손을 들고 있다고 칭찬해주면 된다. 말 그대로 칭찬거리를 찾아야 한다. 단, 이때 질문이나 지시, 비난은 절대 금물이다. 그저 아이의 행동을 말로 묘사해주고 부모가 똑같이 따라 하면서 구체적으로 칭찬해주는 것으로 충분하다.

매일 5분 특별한 놀이는 설명을 들을 때는 간단한 것 같지만, 실제로 해 보면 쉽지만은 않아서 꾸준히 하기 어려울 수도 있다. 이런 경우에는 부모가 자녀와 효과적으로 상호작용하는 방법을 직접 코칭받는 것도 좋다. 또 종종 비장애아이는 반응이 커서 쉽게 다가갈 수 있지만, 장애아이는 규칙을 잘 따르지 않고 반응이 적어서 상호작용을 하기가 어렵다고 하는 부모들이 있다. 이런 경우에는 부모에게 자녀와 긍정적인 상호작용을 할 수 있는 규칙과 기술을 알려준다. 매일 5분 놀이가 처음에는 조금 어렵더라도 꾸준히 실천하면 효과는 분명하게 나타난다.

부모와 상호작용이 잘 되는 아이는 초등학교에 입학한 후에 교사와 좀 더 빨리 관계를 맺고 친구도 쉽게 사귈 수 있다. 즉 가정에서의 긍정적인 상호작용은 자녀가 학교에서 규칙을 지키고, 또래 관계를 원만하게 맺고, 사회성을 키우는 데 큰 도움이 된다. 그러므로 초등학교 입학 전에 가정에서 차근차근 준비할 필요가 있다. 자녀의 장애에 집중해서 장애를 낫게 하려고 노력하는 것보다는 자녀와 긍정적인 상호작용을 나누는 것을 최우선에 두어야한다. 이를 통해 부모-자녀 간의 관계를 잘 형성하는 것이 초등학교 입학을 준비하는 가장 좋은 방법이다.

비장애학생의 학부모 속으로

다음으로 비장애학생의 학부모와 잘 어울려야 한다고 조언한다. "우리 아이를 이해해주세요" "여러모로 잘 부탁드려요"를 요청하기 위해서가 아니다. 그냥 부모라는 같은 입장에서 만나 공감대를 형성하라고 권한다. 물론 잘 도와달라는 이야기를 양념 삼아 꺼낼 수는 있겠지만, 그보다는 부모로서 좋은 정보, 필요한 정보를 공유하는 것이 좋다고 말한다.

비장애학생의 학부모가 자녀와 같은 학교에 다니는 장애학생의 특성을 이해하고 받아들이는 것이 필요한 것처럼, 장애학생의 학부모도 성장 과정에 있는 비장애학생을 이해할 필요가 있다. 비장애학생의 학부모도 고민이 있다는 걸 알 필요가 있다. 자녀의 장애에만 몰입하여 다른 걸 보지 못하는 편협함이 생기는 걸 막을 수 있고, 자연스럽게 자녀 양육에 대한 고민을 공유하면서 서로 도울 수 있는 부분을 찾거나 해결책을 찾을 수도 있다.

무엇보다 장애학생과 비장애학생이 통합되기 위해서는 장애학생 학부모와 비장애학생 학부모 간의 통합이 먼저 이루어져야 한다. 일반적으로 엄마들끼리 자주 모이고 서로 친하게 지내면 그 자녀들도 서로 친해질 가능성이 높다. 그러니 적극적으로 비장애학생의 학부모들 사이로 들어가야 한다. 아이 키우는 이야기를 함께 나누면서 자연스럽게 장애자녀의 특성을 알리고 이해를 구할 수 있다. 비장애학생 학부모가 장애에 대해 잘 모른다면 이 기회를 통해 장애에 대한 이해를 높이고 장애에 대한 편견을 바꿀 수도 있다.

교사와 학부모 사이

장애학생의 학부모를 만나면 하나같이 교사와 만나는 것을 무척 어려워한다. 하고 싶은 말이 있는데 어디까지 이야기해도 되는지 모르겠다며 난감해한다. 어렵게 말을 꺼내더라도 교사의 행동에 별로 변화가 없다는 이야기도 많이 한다. 그런데 내가 만난 교사들은 하나같이 장애학생의 학부모를 대하는 게 어렵다고 한다. 자칫하면 교육청에 민원을 넣어서 힘들다고 말한다. 도대체 왜 이런 현상이 생겼을까? 서로 다가가고자 하지만 잘 안되는 데는 이유가 있을 것이다. 분명 의사소통에 문제가 있는 것이다.

우리 학교에서는 특수교사들이 장애학생 학부모와 아주 친밀한 관계를 유지한다. 수시로 상담을 하고 문자 메시지나 SNS 채팅으로 정보를 주고받기도 한다. 그러다 보니 장애학생 학부모가 개인적으로 힘든 이야기를 꺼내거나 자녀에게 필요한 사항을 요구하는 일이 많다. 이 모습을 지켜보는 일반교사들은 종종 우려를 표현한다. 특수교사에게 학부모들이 너무 과한 요구를 한다는 것이다. 일반교사에게는 말하지 못하는 요구 사항을 특수교사에게는 편안하게 말할 수 있다는 게 긍정적으로 작용하는 측면도 있지만, 가끔은 그 정도가 선을 넘을 때도 있기 때문이다.

실제로 처음에는 학부모의 요구를 좋은 의도로 받아주다가 나중에는 감당하기 힘들어하는 특수교사를 종종 볼 수 있었다. 특수교육은 부모와 함께 발맞추어 나가야 하므로 학부모의 의견을 수렴할 필요가 있다. 그렇다고 학부모의 요구를 무조건 다 들어줘야 하는 것은 아닌데, 현실에서는 그 경계가 모호할 때가 많다. 그러다 보니 학부모와 교사 사이의 관계가 불편해지는 일이 종종 생긴다.

꼭 장애자녀를 둔 부모가 아니어도, 사실 학부모 입장에서는 교사에게 기대하는 것이 모두 채워지기는 어렵다. 내가 만난 많은 장애학생 학부모는 자녀를 배려해달라거나 자녀에게 필요한 도움을 달라는 요구를 교사에게 말할 수 없어서 혼자 속앓이하는 경우가 많았다. 그런데 아이러니한 것은 내가 만난 특수교사들은 거꾸로 학부모들이 너무 과한 요구를 한다며 힘들어한다는 사실이다. 장애학생 학부모가 속상하고 화난 감정을 특수교사에게 적나라하게 쏟아낼 때면 마치 자신이 '감정의 쓰레기통'이 되어버린 듯한 기분이라고 말한다. 나는 이런 상황이 너무나 안타깝다.

정말 학생을 위한다면 교사와 학부모가 만나 충분한 대화를 나누고 학생에게 필요한 사항을 의논하는 것이 좋다. 의사소통을 할 때 감정을 앞세우기보다 서로 예의를 갖추어 학생을 위한 최선의 방법을 찾아야 한다는 것을 잊지 않아야 한다. 사실을 확인하고 필요를 나누는 협력이야말로 장애학생에게 최선의 교육을 제공하는 밑거름이 될 것이다.

부모는 교사보다 자녀에 대해 더 많은 정보를 가지고 있다. 또한 그 누구보다 자녀를 가장 잘 아는 사람이 부모인 것도 맞다. 그렇지만 자녀가 학교생활을 시작하면서 가정에서와는 또 다른 모습을 보이기 때문에 교사가 경험한 자녀의 모습과 부모가 아는 자녀의 모습은 차이가 있게 마련이다. 서로의 입장과 상황이 다르다는 점을 존중할 때 교사와 학부모는 더 잘 협력해나갈 수 있다.

아이를 온전히 받아들이기 힘든 부모들

내 아이의 장애를 받아들이고 객관적으로 바라보기는 참으로 어렵다. 경험적으로 볼 때 자녀의 장애 정도가 심하거나, 장애가 눈에 명

확히 보이는 경우에는 그래도 조금 더 빨리 받아들이는 경향이 있다. 그러나 자녀가 경도의 지적장애나 자폐성 장애라면 장애가 눈에 두드러져 보이기 전에는 더 받아들이기 어려워한다.

이런 경우 많은 부모가 조부모로부터 '늦되는 애들도 많다' '애 아빠도 말을 아주 늦게 했다'는 말을 들었다고 한다. 조부모의 말대로 곧 좋아질 것이라고 기대하지만, 부모로서는 불안한 예감을 떨쳐 버릴 수 없을 것이다. 이때 부모가 보이는 태도는 아주 다양하다.

입학 상담을 받기 위해 우리 학교에 찾아오는 부모 중에는 장애와 비장애의 경계에 있는 자녀를 둔 부모가 많다. 그런데 이분들 중에는 '우리 아이는 장애가 아니다'라고 강조하는 부모들도 있다. 흔히 장애라고 하면 중도의 자폐성 장애나 중도의 지적장애를 떠올리는 경우가 많다 보니, 자신의 자녀는 조금만 도와주면 된다고 말한다. 집에서 보면 아이가 다 할 수 있는데, 다만 조금 느리고 서툴 뿐이라고 한다. 크게 걱정스러운 점은 없으니, 조금만 더 신경 써주고 조금만 더 배려해주면 잘 따라갈 것이라고 말한다.

하지만 내가 보기에는 아이에게 장애가 있는 경우가 많았다. 우리 학교에는 장애학생이 모든 학급에 1-2명씩 있는데, 그중에는 경계선급인 학생이 많이 있다. 부모들이 말하는 그 '조금'이 알고 보면 특수교육, 통합교육으로 해야 하는 내용인 것이다.

그렇다고 내 입으로 부모에게 당신의 자녀가 '장애'라고 단정 지어 말할 수도 없다. 그저 병원에 가서 종합적인 검사를 받고 장애 여부를 분명하게 확인하라고 권한다. 나의 이런 태도가 결국 부모에게 상처를 주는 일이 될 때가 있었다. 심지어 어떤 부모는 나를 고소하겠다고 한 적도 있다.

현실적으로 우리 학교처럼 한 학급에 장애학생의 자리가 일정 비율로 정해져 있는 경우에는 경계선급 지능이거나 정서적 어려움이 있는 학생을 더 받기가 어렵다. 한 학급에 장애학생이 많으면 제대로 된 통합교육을 할 수 없기 때문이다. 경계선에 있는 아이들을 다 받아들일 수 없는 현실이 안타까울 따름이다.

한편 검사를 권했을 때 적극적으로 수용하는 부모들도 있다. 가장 기억에 남는 사례가 바로 지민이 엄마이다.

입학 상담을 받기 위해 우리 학교에 찾아온 지민이 엄마는 처음에는 자녀에게 별로 특이한 점이 없다고 했다. 다만 말을 아주 늦게 시작해서 일곱 살이 된 지금까지 말을 잘 못한다고 했다. 그러나 내가 보기에는 어딘가 행동이 느리고, 어느 것에도 크게 관심을 보이지 않는 등 걱정스러운 모습이 눈에 띄었다. 시간을 조금 더 두고 찬찬히 지민이를 지켜본 결과, 또래보다 발달이 좀 느리다는 사실을 알 수 있었다.

나는 자녀에 대해 더 정확하게 알면 필요한 것을 더 채워줄 수 있으니 병원에 가서 종합적인 검사를 받아보라고 권했다. 지민이 엄마는 학교의 제안대로 검사를 받았고, 얼마 뒤 지민이가 장애와 비장애의 경계선에 있다는 결과가 나왔다고 우리에게 알렸다. 이야기를 들어보니 조기에 적절한 지원을 받지 못한다면 학년이 올라갈수록 지민이가 학습에 어려움을 겪을 수 있는 상황이었다.

나는 지민이를 특수교육 전형으로 입학시킬 것을 권했다. 처음부터 통합교육지원실 특수교사의 지원을 받아서 나중에 학습 격차가 너무 벌어지지 않도록 사전에 예방해야 한다고 말했다. 부모로서는 이 제안을 듣고 기분 나빠하거나 화낼 수 있다는 걸 알기에 조심스럽게 말을 꺼냈다. 지민이 엄마는 아이에게 도움이 되는 것이라면 뭐든 하겠다고 말했다. 심지어 우리에게 전문가적 입장에서 최선의 방법을 제안해달라고 요청했다.

어린 아들에게 특수교육 대상자라는 꼬리표를 붙이고 싶은 부모는 없다. 그럼에도 지민이 엄마는 아이가 더 좋은 교육을 받을 수만 있다면 학교의 결정을 따르겠다고 했다. 지민이의 약점을 숨기거나 감추려 하지 않고, 오히려 적극적으로 도움을 받아 지민이가 지닌 잠재능력을 최대치로 끌어올려주기를 원했다. 아무리 아이를 위한 결정이라고 해도 부모로서 이런 결단을 내리기가 쉽지 않았을 것이다.

지민이의 입학이 결정된 후 학교에서는 지민이를 처음부터 일반학급에 완전 통합하는 데 목표를 두기로 했다. 일반학급에서 진행되는 모든 교과과정을 지민이가 큰 어려움 없이 잘 따라갈 수 있도록 특수교사가 협력교수로 지원하기로 했다. 또 누구도 지민이가 통합교육지원실의 도움을 받는다는 사실을 알지 못하도록 신경을 썼다. 지민이가 반 친구들과 잘 어울리고 원만한 또래 관계를 형성하도록 돕기 위한 조치였다.

다행히 지민이는 학교생활에 잘 적응했다. 학년이 올라가면서 조금씩 학습에 격차가 나기 시작했지만, 어느 학급에나 공부하는 걸 어려워하는 학생은 있게 마련이어서 그게 크게 문제가 되지는 않았다. 또 특수교사가 필요할 때마다 지민이를 도와줬지만, 누구도 지민이가 통합교육지원실의 도움을 받는 학생이라는 사실을 눈치 채지 못했고, 누가 묻는 일도 없었다.

지민이는 특히 영어와 음악 과목을 많이 어려워했다. 하지만 역사에 대해서는 관심이 많았다. 특히 역대 왕에 관한 지식이 아주 깊었다. 지민이는 서울에 있는 대학에 특수교육대상자 전형으로 당당하게 입학했다. 자신의 정체성을 인정하고, 또 그에 따른 혜택을 누리며, 자기옹호도 할 수 있었던 바람직한 사례였다.

대학생이 된 지민이는 요즘 세계사에 푹 빠져있다. 만약 그때 지민이 엄마가 아이의 장애를 어떻게든 없애겠다고 치료실을 전전했다면, 아마도 지금의 지민이는 없을 것이다. 자녀를 있는 모습 그대로 받아들인 엄마의 결단이 오늘의 지민이를 있게 했다. 그 결단이 앞으로 더 멋지게 성장한 지민이를 보게 해줄 것이라고 확신한다.

아이 안에 숨겨진 보물 찾기

장애자녀를 둔 부모는 대부분 비슷한 심리 과정을 거친다. 처음에는 심한 충격을 받고, 믿을 수 없다며 아닐 거라고 부정한다. 이후 수치심, 죄의식, 열등감, 극단적인 배척, 과잉보호 등 여러 심리적 단계를 거치며 자녀의 장애를 수용하는 단계에 이른다. 그 과정에서 어떤 심리가 더 크고 강하게 나타나는지, 어느 심리적 단계에서 오래 머무르는지는 개인의 성향이나 처한 상황에 따라 조금씩 차이가 있다. 어떤 경우에도 자녀의 장애 진단으로 부모가 받은 마음의 상처는 다 아물 수 없을 것이다. 그렇더라도 일단 자녀의 장애를 수용하는 단계에 이른 후에는 대부분의 부모가 자녀 양육에 좀 더 적극적인 태도를 보였다. 물론 자녀가 어릴 때는 장애를 고쳐보려고 치료실에 많이 다니기도 하지만, 초등학교에 입학하고 학년이 올라갈수록 자녀가 잘하는 것을 찾아 집중해서 가르치는 모습을 볼 수 있었다.

자폐성 장애나 지적장애가 있는 학생은 학습보다는 수영이나 그림 그리기, 악기 연주 등에 몰입하는 경향이 있다. 우리 학교의 경우에는 수영장을 부대시설로 갖추고 있어서 어린 나이부터 수영을 열심히 하는 학생이 많았다. 선배 김진호가 초등학교 때부터 수영선수 생활을 하고 세계장애인수영선수권대회에서 금메달을 따는 등 대활약을 해서 후배 장애학생 학부모에게 좋은 영향을 주기도 했다. 장애학생의 80-90퍼센트가 방과 후 수영을 했고, 약 30퍼센트 정도의 학생은 크고 작은 장애인수영대회에 출전할 정도였다. 이중 약 10여 명의 학생이 전국장애인수영대회 등 큰 규모의 대회에 참여하며 수영선수 생활을 했다.

예술 분야에서 자신의 재능을 찾은 학생도 많다. 태호는 이미 여러 차례 개인 전시회를 열었으며, 지금도 작품 활동을 꾸준히 이어가고 있다. '아름다운 도전'이라는 이름으로 그룹 활동을 하는 5명의 졸업생은 전국 및 국외에서 전시회를 열었다. 그밖에도 뛰어난 바이올린 연주 실력으로 예술고등학교에 진학하고 지금은 대학에서 음악을 전공하고 있는 다솜이, 클라리넷으로 백석대학교 콘서바토리(conservatoire)에 합격해 재학 중인 호섭이, 사물놀이를 10년 가까이 꾸준히 하며 각종 대회에서 수상한 경력을 자랑하는 사물놀이

팀 등이 있다. 오케스트라 활동을 하는 학생도 15-20여 명 있는데, 바이올린, 첼로, 클라리넷, 플룻 등 다루는 악기도 다양하다.

　이 사례는 모두 부모가 자녀의 장애에 초점을 두지 않고 강점을 찾아 적극적으로 지도한 결과이다. 지금 이 순간 부모와 자녀가 모두 자신의 자리에서 최선을 다하면서 행복한 시간을 보내고 있다.

아이의 미래를 준비해야 하는 부모

인터넷 맘카페가 성행하는 이유가 뭘까? 자격증이나 연수 과정 없이 부모가 되었기에 그만큼 고민도 많고, 양육에 관한 누군가의 경험과 정보가 절실하기 때문일 것이다. 비장애자녀를 양육하는 것도 이처럼 어려운데, 장애자녀를 키우는 부모는 오죽할까?

　특히 장애자녀를 둔 부모는 자녀가 초등학교에 입학한 후에 더 큰 걱정이 밀려온다. 자녀가 사춘기를 맞이하는 걸 마냥 기뻐할 수만은 없다. 자녀의 성인기를 상상하기가 어렵기 때문이다. 심지어 장애자녀마다 특성이 다르다 보니, 자녀의 성인기를 어떻게 준비할 것인가에 관한 고민도 각자 달라서 도움을 구할 곳조차 마땅하지 않은 게 현실이다.

우리 학교에서는 개교 초기부터 장애학생 학부모와 매주 정기적으로 모임을 갖고 있다. 부모의 양육 스트레스를 줄이고 자녀를 잘 양육할 수 있다는 효능감을 높이기 위해서다. 요즘은 학교와 연계된 복지재단에서 부모 모임을 진행한다. 장애자녀의 성인기를 어떻게 준비할 것인지 함께 고민하는 자리를 적극적으로 마련하고 있다. 부모로서는 자녀가 학교를 졸업하면 그 다음이 가장 큰 고민인데, 이때 자녀의 성인기를 함께 고민하고 준비할 수 있도록 이끌어주는 기관이 있다는 건 얼마나 큰 행운인지 모른다.

부모에 대한 지원은 특수교사에게도 큰 힘이 된다. 장애학생 개별화교육은 졸업 이후의 건강하고 독립적인 삶에 초점을 맞추어야 한다. 특수교사와 학부모의 협력이 무엇보다 중요하다. 하지만 장애학생 학부모가 자녀의 홀로서기를 준비하도록 지원하는 일을 특수교사가 혼자 하기는 어렵다. 나이가 어린 교사라면 양육 경험이 부족할 수 있다. 무엇보다 매일 학교생활에서 직면해야 하는 일을 해결하는 것만으로도 하루가 벅차다. 특수교사가 장기적이고 체계적으로 장애학생 학부모를 지원하는 건 현실적으로 너무 어려운 일이다.

이런 이유로 나는 지난 25년 동안 특수교사로서 장애학생 학부모를 지지하고 지원하는 프로그램을 체계적으로 진행해보고 싶다는 바람을 늘 가지고 있었다. 그런데 휴직 기간 중에 우연히 기회가 찾아왔다. '가정에서의 자기결정 교수 지원 프로그램' 연구에 참여하여 서울·경기 지역의 장애학생 학부모를 지원하게 된 것이다.

최근 〈발달장애인 권리보장 및 지원에 관한 법률〉에서는 발달장애인의 자기결정권과 성년후견제의 중요성을 명시하고 있다. 장애학생이 당면한 중요 과제인 성인기로의 전환과 통합교육을 위한 교수 전략의 하나로 자기결정력의 중요성을 강조하고 있다. 장애인의 삶의 질을 높일 수 있는 최선의 방법으로 그 효과를 인정하고 있다.

자기결정력은 성장 과정에서 자연스럽게 경험하면서 체득해야 한다. 그러므로 학교는 물론이고 가정에서도 장애학생에게 자기결정력을 행사할 수 있는 기회를 많이 제공해야 한다. 그러나 대부분의 장애학생 학부모는 자녀에 대해 기대가 낮다. 장애 정도가 심할수록 자녀가 자기결정력을 행사할 가능성을 낮게 평가하기에 장애 자녀를 어떻게 지도해야 할지 몰라 어려워한다.

'가정에서의 자기결정 교수 지원 프로그램'은 장애자녀의 자기인식, 자신이 원하는 것 선택하기, 목표 설정 및 계획, 자기옹호, 문제 해결과 미래 계획 등에 관한 내용으로 구성되어있다. 이 연구에서는 장애학생 학부모에게 자기결정력에 대한 지식과 정보를 전달할 뿐 아니라 자녀를 어떻게 지도해야 하는지 구체적인 양육 기술을 제공하였다. 또한 학부모에 대한 심리·정서적 지원 4개월 동안 꾸준하게 제공하였다. 그 결과 많은 장애학생 학부모가 자녀를 잘 양육할 수 있겠다는 효능감이 높아지는 결과를 얻을 수 있었다.

　이 연구에 참여한 학부모들이 가장 크게 느낀 건 '교육받은 대로 가정에서 하나하나 실천해봤더니 자녀가 할 수 있더라'는 것이다. '자녀보다 하루 더 살고 싶다'는 부질없는 희망 대신 자녀가 독립적으로 생활할 수 있도록 기회를 주고, 홀로서기 위한 준비를 지속할 수 있게 되었다. 그 과정에서 장애학생과 학부모가 모두 행복해지는 경험을 했다. 특수교사로서 장애학생을 가르치는 것도 보람되었지만, 장애학생 학부모가 직접 자녀를 지도할 수 있도록 도울 수 있었던 그 시간은 내게 더없이 소중한 경험으로 남아있다.

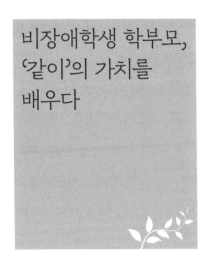

비장애학생 학부모,
'같이'의 가치를
배우다

2017년 '무릎 호소'라고 이름 붙은 사진이 많은 사람에게 충격을 주었다. 서울시 강서구에 특수학교를 설립하려는 계획이 지역 주민의 반대에 부딪혀 무산될 위기에 처하자 〈장애인부모연대〉 소속 부모들이 지역 주민 앞에 무릎을 꿇고 호소하는 장면이 언론에 보도된 것이다. 사실 특수학교가 들어서지 못하도록 지역 주민이 반대하는 일은 그 이전에도 빈번하게 있었다. 소위 님비(Not In My Backyard) 현상으로, '혐오시설'이 들어서면 지역의 분위기가 나빠지고 땅값이 떨어질 우려가 있다는 것이 주된 이유였다.

하지만 이번에는 좀 달랐다. 인터넷을 뜨겁게 달구었던 일명

'무릎 호소' 영상이 SNS를 통해 확산하면서 아무 잘못이 없지만 자녀를 위해 무릎을 꿇을 수밖에 없었던 부모들의 호소가 이슈가 되었다. 해당 지역만이 아닌, 전국에 있는 시민이 분노했다. 특수학교를 세우기 위해 무릎까지 꿇어야 하느냐는 목소리가 나왔다. 시민 의식이 그만큼 높아진 것이다. 당시 SBS의 한 시사 프로그램에서는 우리 학교의 통합교육을 취재하여 소개함으로써 '같이' 하는 가치의 중요성을 알리고, 장애인과 비장애인이 더불어 사는 사회에 대해 생각해 보는 계기를 마련하였다.

장애학생 학부모의 '무릎 호소' 생각해보기

사실 님비현상은 지역사회에 장애인 관련 시설이 들어설 때만 나타나는 것이 아니다. 통합교육 현장 안에서도 비슷한 일이 종종 일어난다. 통합교육 상황에서 장애학생이 수업을 방해해서 내 자녀가 손해를 볼 것에 대해 비장애학생의 학부모들이 걱정하는 경우가 있다. 장애학생과 비장애학생이 매일 한 교실에서 같이 지내다 보면, 비장애학생이 좋지 않은 영향을 받을 수 있고 자칫 장애학생의 행동을 따라 하지 않을까 하고 우려하는 경우도 있다.

이런 생각은 구시대적 발상에서 나오는 거라고 생각한다. 지금은 시대가 많이 변해서 그런 일이 거의 없다고 나는 믿는다. 아직도 장애인에 대해 잘 알지 못해서 생긴 현상이라고 생각한다. 장애학생에 대해서 바르게 알고, 통합교육 상황에서 비장애학생이 그렇게 무능한 존재가 아니라는 걸 이해한다면 이 걱정은 사라질 것이다.

누구나 차별 받지 않고 동등하게 교육받을 권리가 있다는 걸 우리는 모두 알고 있다. 너무나 당연한 권리이기에 통합교육의 필요성에 대해 굳이 언급하고 싶지는 않다. 다만 통합교육이 단지 장애학생만을 위한 것이 아니라는 사실을 비장애학생의 학부모들이 직접 보고 느끼기를 바랄 뿐이다.

장애학생과 함께 생활하고 함께하는 기술을 배우고 터득하면서 비장애학생은 자신과 다른 사람을 이해하고 수용하는 능력을 키운다. 그 과정에서 자존감이 높아지고 정서와 감성이 풍부해진다. 누군가를 도와주면서 자기 실력 역시 향상되는 경험을 한다. 성장은 물론 성숙이라는 결과까지 덤으로 얻는다.

우리는 모두 다르다. 함께 살아가는 법을 배우는 것이 통합교육이다. 장애학생 학부모의 눈물 어린 '무릎 호소'를 기억한다면, 비장애학생을 키우는 학부모가 먼저 다른 사람을 배려하는 성숙한 모습으로 자녀에게 본을 보여야 할 것이다.

장애에 대해 배워야 하는 이유

자녀는 부모의 모습을 그대로 보고 자란다. 부모가 자녀 앞에서 모범을 보여야 하는 중요한 이유이다. 그러므로 비장애자녀가 초등학교에 입학하면서 통합교육을 받게 되는 경우에는 비장애학생의 학부모도 장애에 대해서 배울 필요가 있다.

요즘은 모든 학교에서 장애이해교육을 의무적으로 실시한다. 그렇지만 부모 세대는 학교에 다닐 때 장애에 대해 교육을 받아본 경험이 없다. 그러다 보니 자녀는 학교에서 통합교육을 경험하고 장애이해교육을 받아 장애학생에 대한 이해가 높아지지만, 학부모는 여전히 장애에 대한 편견을 가지고 있는 것이 보편적이다.

시내버스를 타고 친구를 만나러 가던 어느 날의 일이다. 깔끔하게 생긴 청년이 버스에 탔는데, 한 손가락으로 허공을 두드리며 작은 소리로 혼잣말을 했다. 청년은 뒷문 근처에 앉은 예쁜 여대생 옆으로 가 손잡이를 잡고 서 있었다. 뒤쪽에 빈자리가 있는데도 굳이 그 여대생 옆에 서 있었다. 버스 안 승객 열 명의 시선이 모두 청년에게로 쏠렸다. 정장 차림을 한 회사원은 슬쩍 슬쩍 고개를 돌려 쳐다보았고, 맨 앞자리에 앉아있는 할머니는 아예 몸을 돌려 앉아 그 청년에게서 눈을 떼지 못하고 있었다.

반대편 자리에 앉아있던 아주머니가 자리에서 일어나 청년에게 자기 자리에 앉으라고 권했지만, 청년은 아랑곳하지 않았다. 아주머니가 어디 가냐고 물어도 대답이 없었다. 여대생은 불안한 눈빛으로 청년을 쳐다보다가 이내 뒷자리로 옮겨 가버렸다.

나는 청년이 버스에 오를 때부터 직감적으로 자폐성 장애가 있다는 걸 눈치 챌 수 있었다. 아마도 청년은 평소에 버스를 타면 항상 그 자리에 섰을 것이다. 예쁜 여대생 때문이 아닐 것이다. 또 신체가 건강하니 빈자리에 앉지 않고 서서 가도 아무렇지도 않았을 것이다.

내가 버스 승객들의 불편한 시선을 안타까워하고 있던 그때, 내 뒷자리에 앉은 고등학생 두 명이 속닥거리는 소리가 들렸다.

"그냥 놔두면 되는데…. 저 사람 지금 '대중교통 이용하기' 연습을 하고 있는 것 같은데 말이야"

그 학생들 말이 맞다. 청년은 그동안 혼자 버스 타기 연습을 많이 했을 것이고, 지금은 독립적으로 다닐 수 있게 되었다. 이 얼마나 멋진가! 지금 매우 잘하고 있는 상황인 것이다. 나는 그 고등학생들에게 박수를 쳐주고 싶었다. 그렇다. 자폐성 장애 청년의 행동에는 다 그럴만한 이유가 있다. 그러니 각자 자연스럽게 자기 할 일을 하면 되는 것이다.

이처럼 비장애학생은 장애이해교육과 통합교육을 통해 장애인에 대한 이해가 높다. 그런데 학부모가 장애인에 대해 여전히 편견을 가지고 있다면 어떨까? 부모의 잘못된 편견이 장애에 대한 올바른 시각을 가진 자녀를 혼란스럽게 할 수도 있다. 그래서 비장애학생의 학부모도 자녀의 초등학교 입학을 앞두고 장애에 대해 배워야 한다. 장애이해교육을 통해 편견을 버리고 자녀를 잘 가르치기 위한 준비를 해야 한다. 자녀가 학교에서 장애학생과의 관계를 이야기할 때 선입견 없이 듣고 지도하기 위해서는 부모도 알아야 한다.

'같이'의 가치를 배우는 통합교육세미나

최근에는 학교에서도 가정통신문이나 학교 홈페이지를 통해 비장애학생 학부모를 대상으로 장애이해교육을 실시하지만, 그걸 눈여겨보는 사람이 많지 않은 게 사실이다. 우리 학교의 경우에는 입학 전에 비장애학생의 학부모를 대상으로 면접을 실시하는데, 그 자리에서 이런 질문을 하곤 한다.

"자녀가 장애학생과 짝이 되어 간혹 꼬집혀 오기라도 하면, 그때 자녀에게 뭐라고 설명하실 건가요?"

"그 아이가 몰라서 그런 거잖아요. 이해하라고 해야죠."

대부분의 부모가 충분히 이해할 수 있다고 말한다. 자녀가 장애학생으로 인해 피해를 볼 수 있는데 괜찮으냐고 물어도, 괜찮다고 대답한다. 면접을 보는 자리이기 때문이기도 하고, 아직은 그런 일이 생기기 전이라서 당장은 이렇게 대답하는 것이 가능할 수 있다. 그러나 만약 실제로 장애학생과의 관계에서 자녀가 어려움을 겪게 된다면 어떻게 될까? 속이 상하고 화가 나서 감정적으로 변하게 된다. '어떻게 이런 아이가 우리 학교에 다닐 수 있지?' 하는 마음까지 들지도 모른다.

비장애학생 학부모의 태도가 돌변할 수 있다는 걸 충분히 알면서도 면접 때 굳이 이 질문을 하는 이유가 있다. 이때 이성적으로 대답하고 나면, 나중에 실제로 그런 일이 생겼을 때 좀 더 차분하게 생각해보게 되기 때문이다. 자신이 대답한 것이 있기 때문에 당장 화를 내기보다 자녀에게 어떻게 설명할지 궁리하게 된다. 이때 우리가 바라는 것은 자녀에게 무조건 참으라거나 이해하라고 강요하는 것이 아니다. 먼저 자녀의 속상한 마음을 충분히 받아준 다음, 이런 상황이 다시 생기지 않게 할 방법을 함께 찾는 것이다.

비장애인의 부모가 장애인과 함께 지내는 생활에 대해 생각하고 함께 잘 지낼 수 있는 방법을 알아가는 것은 자녀를 올바른 방향으로 이끌기 위해 꼭 필요한 일이다. 우리 학교에서는 매년 3월에 신

입생 학부모를 대상으로 통합교육세미나를 연다. 먼저 세미나 날짜를 공지하고 학교에서 지정해준 장애 관련 도서를 읽도록 요청한다. 미리 나누어준 질문지에 답을 작성하고 독서 후 소감을 기록한 후, 작성한 질문지를 가지고 오게 한다. 세미나에 참석해서 장애에 대해 새롭게 알게 되는 것도 중요하지만, 그 전에 장애 관련 책을 한 권 읽었다는 것만으로도 절반은 벌써 마음이 열려있다.

세미나 당일에는 비장애학생의 학부모가 장애를 올바르게 이해할 수 있도록 안내한다. 토론 시간에는 부모로서 자녀에게 장애를 어떻게 설명할 것인지 함께 이야기를 나눈다. 이 자리에서 비장애학생의 학부모는 앞으로 일 년 동안 학교 수업이나 놀이 시간, 학교 행사 등에서 통합교육이 어떻게 이루어지는지 알게 되어 자녀가 장애학생과 함께 공부하는 것에 대한 걱정을 내려놓게 된다.

또한 이 자리를 통해 비장애학생의 학부모는 장애학생 학부모의 마음을 헤아려보게 된다. 같은 학부모로서 이해하게 되어 서로 자연스러운 만남을 갖는 계기가 된다. 장애가 있고 없고를 떠나서 같은 학부모 입장에서 서로를 이해하며 경험을 공유하는 것이다.

비장애학생의 학부모가 먼저 장애에 대해 올바르게 인식하고 통합교육의 필요성과 효과성을 공감할 때 그 자녀들에 대한 교육적 효과도 높아지게 마련이다. 통합교육세미나는 장애에 대한 정보를 얻고 올바른 관점을 갖게 할 뿐 아니라, 자녀에게 장애에 대해 설명할 수 있는 부모로 바로 설 수 있도록 돕는다.

책을 통해 장애 이해하기

학부모를 대상으로 하는 통합교육세미나에서 교재로 활용하는 책은 다양하다. 예전에는 데니스 브로디의 《놀이방의 코끼리》라는 책을 학부모와 함께 읽었다. 장애아의 엄마인 저자가 미국 전역에 있는 장애아 부모의 다양한 사연을 모아서 쓴 책이다. 장애가 있는 아이의 행동을 간접적으로나마 알 수 있고, 장애자녀를 키우는 이야기를 통해 장애학생 학부모의 마음을 충분히 알 수 있게 해준다.

　책 내용 중에 장애아의 부모가 되는 것을 여행을 위해 비행기를 탄 것에 비유한 이야기가 있다. 원래 여행 목적지는 베니스인데, 비행기가 불시착하여 네덜란드에 도착한 것 같다고 말한다. 얼마나 당황하고 놀랐을까! 전혀 예상치 않았고 준비도 안 되었을 그 부모의 마음을 이해하고도 남을 것이다. 그러나 시간이 지나면서 베니스에서 곤돌라를 타지 못한 것을 계속 아쉬워하지 않고, 네덜란드의 풍차를 사랑하며 사는 것에 감동하게 된다고 말한다. 학부모들은 세미나가 끝난 후에 책을 읽고 토론한 소감을 써서 남기기도 한다.

최근에는 크리스티 사카이의 《아스퍼거 패밀리가 사는 법》을 활용하고 있다. 자녀 셋이 모두 자폐성 장애 진단을 받은 부모의 마음과 자녀를 어떻게 양육하며 생활했는지를 쓴 글이다. 비장애학생의 학부모에게 책의 내용을 바탕으로 몇 가지 질문에 대한 답을 찾도록 하고 있다. 장애의 원인이 무엇이며, 자녀에게 장애를 어떻게 설명할 것인지, 통합교육이 장애학생과 비장애학생에게 어떤 효과가 있는지, 자녀에게 장애가 있는 친구를 어떻게 도와주라고 말해야 하는지 등에 대한 질문이다. 각각의 질문에 대한 답을 책에서 찾아보기도 하고, 저자의 이야기를 통해 힌트를 얻으며 다른 학부모들과 함께 이야기를 나누도록 한다. 이 과정에서 서로의 생각을 공유하고, 세미나를 진행하는 패널을 통해 추가적인 설명도 듣는다. 또한 장애가 있는 친구와 어떻게 지내야 하는지 실제 사례를 통해 알게 된다.

비장애학생의 부모와 장애학생의 학부모는 통합교육의 중요한 주체이다. 장애이해교육을 통해 선입견과 편견을 버려야 두 주체가 자연스럽게 만날 수 있다. 장애가 있고 없고를 떠나 같은 학부모 입장에서 서로를 이해하고, 경험을 공유하며, 통합교육의 가치를 인정할 때 우리 아이들은 더 멋지게 성장할 수 있을 것이다.

장애학생과 함께 공부하고 지내온 비장애학생은

사회에 나가서도 많은 장애인과 함께 살아갈 것이다.

사업체를 연다면 장애인을 고용할 것이고

건물을 짓거나 시설을 운영한다면

장애인이 불편하지 않도록 배려할 것이다.

장애학생의 현재와 미래를 함께하며

든든한 동행자의 역할을 할 것이다.

2장

통합교육 꽃 피우기

: 학교에서

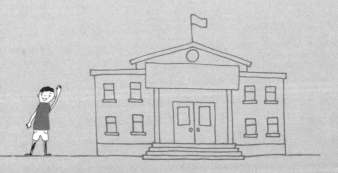

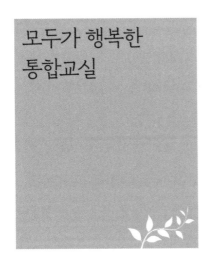

모두가 행복한
통합교실

2006년 어느 날, SBS에서 연락이 왔다. 〈그것이 알고 싶다〉 제작진이라는 말에 괜히 당황스러웠다. 사회적으로 문제가 되는 이슈를 심도 있게 짚어주는 것으로 유명한 프로그램이 아닌가. 마침 내가 통합교육지원실 팀장이어서 섭외 전화에 응하게 되었는데 괜한 경계심이 생겼다.

"학교 좀 찍어도 될까요?"

"왜요?"

우리나라에서 통합교육이 본격화된 것은 1990년대 중반부터이다. 그로부터 10여 년이 지난 2000년대 중반에도 여전히 통합교육은 어렵고 불가능하다는 의견이 많았다. 장애학생의 도전행동이 수업을 방해한다는 학부모의 항의, 미처 준비되지 않은 교사, 장애학생이 또래 관계에서 겪는 어려움, 괴롭힘 등이 사회적 이슈가 될 때였다. 심지어 장애학생을 더는 못 가르치겠다는 학교도 있었다.

제작진은 통합교육이 가능하다고 말해주는 좋은 사례로 우리 학교를 소개하고 싶다고 했다. 통합교육이 왜 어려운지 현실을 짚어보면서 통합교육의 가능성을 우리 학교에서 찾아보겠다는 것이다.

촬영 취지를 듣고 안심이 되었지만 마음을 놓을 수는 없었다. 장애학생 학부모가 공중파 방송에 자녀를 노출하고 싶을 리 없을 게 분명하니, 촬영은 쉽지 않은 일이었다. 예상대로 대부분의 학부모가 원하지 않았지만, 뜻밖에 자폐성 장애가 있는 재엽이의 부모님이 동의해주어서 촬영을 진행하게 되었다.

'우리 교육 현실에서 효과적인 통합교육은 불가능한 일일까?' 하는 질문으로 시작한 방송은 자폐성 장애 1급인 재엽이의 학교생활을 보여주면서 장애학생도 기다려주고 같이하면 할 수 있다는 생각으로 이어졌다. 그리고 '통합교육 환경에서 자란 비장애학생이 나중에 어떤 생각을 가진 성인으로 성장할까?' 하는 기대에 찬 목소리로 마무리되었다.

방송이 나간 뒤 전학과 입학 문의가 쇄도했다. 여러 언론과 방송에서 우리 학교의 통합교육을 소개했고, 많은 교육청 관계자와 학교가 우리 학교를 방문했다. 장애인 언론 〈에이블뉴스〉에서는 기사와 함께 우리 학교의 체육대회 한 장면이 담긴 사진을 게재했다. 장애학생과 비장애학생 4명이 함께 긴 막대를 들고 달리기 시합을 하는 장면이었다. 비장애학생끼리 달렸다면 이미 도착하고 남았겠지만, 장애학생과 함께 가야 하기에 서로 발걸음과 속도를 맞추어야 하는 게임이었다. 조금 느리게 가더라도 함께 가는 것이 얼마나 가치 있고 아름다운 일인지를 말해주는 의미 있는 한 컷이었다.

세상을 바꾸어나갈 아이들

나는 통합교육을 하면서 처음에는 장애학생에게 더 많이 집중했다. 시간과 노력에 절대적 한계가 있어서 그럴 수밖에 없기도 했고, 특수교사라면 당연히 그래야 한다고 생각하기도 했다. 그런데 언제부턴가 비장애학생의 교육에 점점 더 많은 정성을 기울이게 되었다. 통합교육을 경험한 비장애학생이 성인이 되어서 사회에서 드러낼 영향력을 깊이 느꼈다. 그 생각을 하면 비장애학생 한 명 한 명이 너무나 소중하고 귀하게 여겨졌다. 그런 와중에 나의 이런 생각을 더욱 확고하게 해준 일이 있었다.

비장애또래 태원이 이야기

2012년 어느 날, 우연히 유튜브에서 태원이의 영상을 보게 되었다. 태원이는 우리 학교에 다녔던 비장애학생으로, 졸업한 후 공립 중학교에 진학했다. 영상의 내용은 이러했다.

태원이는 중학교에 입학해서 자폐성 장애가 있는 한결이와 같은 반이 되었다. 어느 날 한결이가 자신의 노트에 반 친구들의 이름을 반복해서 쓰기 시작했다. 반 친구들은 자신의 이름을 쓰지 말라며 한결이의 노트를 빼앗으려고 했고, 한결이는 노트를 지키려고 필사적으로 버텼다. 초등학교 시절, 통합교육을 받은 태원이는 왜 한결이가 그런 행동을 하는지 잘 알고 있었다. 특정한 것에 몰두하는 경향을 보이는 자폐성 장애인을 자주 봐왔던 터라 익숙했다. 오히려 그 상황에서는 말리거나 방해하는 것이 한결이를 더 자극할 뿐이라는 사실도 이미 잘 알고 있었다. 그러나 자폐성 장애가 있는 친구와 함께 지낸 경험이 없기에 그런 행동을 처음 마주하는 반 친구들은 한결이에게 화를 내며 급기야는 노트를 빼앗아 찢어버렸다.

태원이는 한결이를 보호하고 싶었지만, 아무런 말도, 행동을 할 수 없었다. 그 분위기에서 나서서 한결이를 감싸려고 들었다가는 비난의 화살이 자신에게 쏟아질 것만 같았다. 집으로 돌아온 태원이는 부모님께 그날 있었던 이야기를 꺼내자마자 그동안 참았던 눈물을 터트리고 말았다.

　다음날, 담임선생님이 한결이의 도우미 역할을 할 친구가 필요하다고 하면서 태원이를 지목했다. 한결이를 위해 좀처럼 쉽게 나서지 못했던 태원이가 이제는 공식적으로 한결이를 돕고 챙겨야 할 역할을 맡게 된 것이다. 이후 부회장도 맡고 친구도 많이 사귄 태원이는 한결이에게 힘든 상황이 생기면 나서서 분위기를 자연스럽게 바꿔주었고, 친구들에게 해야 할 말이 있을 때는 직접적으로 말할 수 있는 용기도 갖게 되었다. 학교에서는 그런 과정과 태원이가 해온 활동을 사진에 담아 유튜브에 영상을 올렸던 것이다.

장애학생의 든든한 동행자

　영상을 보고 나서 특수교사로서 많은 생각을 하게 되었다. 사실 특수교사인 나는 장애학생과 몇 년에 불과한 짧은 시간 동안만 함께할 수 있다. 단지 학교라는 좁은 공간 안에서 장애학생의 현재를 지지하고 지원할 뿐이다. 그것도 극소수의 장애학생을 지도할 뿐이다. 그러나 장애학생과 함께 공부하고 지내온 비장애학생은 사회에 나가서도 많은 장애인과 함께 살아갈 것이다. 사업체를 연다면 장애인을 고용할 것이고, 건물을 짓거나 시설을 운영한다면 장애인이 불편하지 않도록 배려할 것이다. 장애학생의 현재와 미래를 함께하며 든든한 동행자의 역할을 할 것이다. 그러니 비장애또래들이 얼마나 귀하고 소중한지!

　태원이가 중학교 때 벌써 장애인과 함께하는 분위기로 학급 문화를 바꾸었는데, 나중에 어른이 되었을 때는 어떻게 할지 기대가되고 마음이 설렜다. 너무 감사하고 기뻐서 나는 강의 때마다 빠뜨리지 않고 이 사례를 소개하곤 한다. 장애학생 학부모라면 내 자녀가 앞으로 태원이 같은 친구를 만나기를 기도할 것이다. 비장애학생 학부모라면 내 자녀가 태원이 같은 태도와 심성을 갖기를 바랄 것이다. 나중에 뭘 해도 자기 자리에 충실할 것이라는 생각에 자녀가 듬직해 보일 것 같다. 또한 특수교사인 나는 내가 가르치는 비장애학생이 태원이 같은 모습으로 성장하기를 기대하고 소망하며 열심히 정성과 사랑을 쏟게 된다.

통합교육의 매력

많은 사람이 통합교육은 장애학생만을 위한 것이라고 생각하는데, 그렇지 않다. 통합교육은 모든 학생을 위한 교육이다. 장애학생과 비장애학생 모두에게 큰 효과가 있다. 서로가 서로에게 좋은 영향을 주는 것, 이것이 바로 통합교육이 지닌 중요한 매력 중 하나이다.

장애학생의 경우에는 성인이 아닌 비장애또래의 자연스러운 모습을 보고 따라 하면서 사회성과 의사소통 능력을 키울 수 있다. 비록 자신은 교실 규칙을 지키기 어렵지만, 비장애또래를 통해 어디에든 규칙이 있다는 것을 배우며 조금씩 발전한다. 때로는 비장애또래에게 직접적으로 도움을 받기도 하면서 더 넓은 세상으로 나아가기 위한 예행연습을 할 수 있다.

그렇다면 비장애학생의 경우에는 장애학생과 함께하면 뭐가 좋을까? 우선 장애라는 다양한 상황을 이해하고 다양성을 수용할 줄 알게 된다. 장애가 있는 또래를 도우면서 나와 다른 사람을 이해하고 배려하는 법을 배운다. 그 과정에서 타인을 존중하는 태도를 몸에 익히고 자아존중감이 높아지며 사회성이 좋아진다.

교사에게 장애학생의 특성을 알려주는 또래친구

새 학년 새 학기가 시작되면 설렘과 긴장이 교차한다. 통합학급 담임을 맡은 일반교사는 더 그렇다. 새 학급에 들어올 장애학생을 잘 교육할 수 있을지 조심스럽기도 하고 걱정이 밀려오기도 한다.

몇 년 전, 우연히 자폐성 장애학생이 있는 학급 앞을 지나다가 비장애학생이 담임선생님에게 이렇게 이야기하는 장면을 봤다.

"선생님, ○○이한테는 '안 돼'라고 말하면 저렇게 화를 내요. 그냥 '이거 하지 말자'라고 말씀하셔야 해요"

정말 그랬다. 그 반에 있는 자폐성 장애학생은 누가 '안 돼'라고 말하면 화내고 소리 지르곤 했다. 담임선생님보다 그 비장애학생이 자폐성 장애가 있는 친구에 대해 더 잘 알고 있었던 것이다. 어떻게 이런 일이 가능했을까? 이유는 간단하다. 겪어봤으니까! 같이 지내왔으니까! 교실에서 함께 지내면서 알게 된 장애학생의 특성을 새 학년 담임교사에게 알려준 것이다. 교사 입장에서는 처음 관계를 맺은 제자이지만, 비장애학생 입장에서 그 장애학생과 이미 몇 년 동안 함께 지내온 사이다. 학년이 올라가면서 새로운 장애학생과 만나기도 하지만, 초등학교 6년 동안 겹치는 친구는 있게 마련이다. 몇 년째 같은 반이 될 수도 있고, 2학년 때 같이 지냈던 장애친구를 4학년 때 다시 만날 수도 있다.

또 언젠가 한 번은 복도를 지나는데 수업 장소를 이동하던 장애학생 한 명이 바닥에 주저앉아서 안 가겠다고 고집을 부리고 있었다. 그 학년 담당 특수교사는 아니었지만 그냥 보고 지나칠 수 없어서 울고 있는 장애학생 옆으로 다가갔다. 그러자 내가 특수교사인지 알지 못하는 비장애학생이 이렇게 말했다.

"선생님, 지금 애는 자기도 모르게 잠깐 이러는 거예요. 시간을 조금 주시면 저희가 잘 달래줄게요."

친구인 자기들이 잘 타일러서 데리고 가겠다는 것이다. 너무나 감동적이어서 순간 아무 말도 할 수 없었다. 수업 중에 종종 〈기러기의 비행〉이라는 동영상을 학생들에게 보여주곤 했는데, 영상의 내용을 그 비장애학생은 이미 생활 속에서 실천하고 있었다.

기러기는 4만 킬로미터나 되는 먼 길을 옆에서 함께 날갯짓하는 동료에게 의지하며 날아갑니다. 리더를 중심으로 V자 대형을 이루며 날아가는데, 이때 가장 앞서가는 리더의 날갯짓이 기류에 양력을 만들어 뒤따라오는 동료 기러기는 혼자 날 때보다 71퍼센트 정도 힘을 덜 들이고 날 수 있습니다. 동료 기러기들은 끊임없이 울음소리를 냅니다. 이 소리는 거센 바람을 가르며 힘들게 앞서가는 리더에게 보내는 응원입니다. 만약 어느 기러기가 총에 맞거나 아프거나 지쳐서 대열에서 이탈하면, 다른 기러기 두 마리가 함께 이탈합니다. 지친 동료가 원기를 회복해 다시 날 수 있을 때까지, 또는 죽음으로 생을 마감하는 순간까지 함께 있다가 무리로 돌아옵니다.

교사가 장애가 있는 제자의 특성을 알지 못해 당황할 때 장애 친구에 대해 잘 알고 먼저 좋은 대안을 제시한 비장애학생도, 복도에서 울며 떼쓰는 장애친구의 옆을 지켜준 비장애학생도 나는 아직도 잊을 수가 없다. 그 학생들은 꼭 장애학생이 아니더라도 사람마다 지닌 다른 개성을 볼 줄 알고 인정할 줄 아는 태도를 이미 체득했다. 자신이 알고 있는 사실을 다른 사람에게 설명하고 변화를 이끌어갈 준비가 되어있었다. 아직 어린 학생이지만 성장해서 성인이 되었을 때도 장애인을 있는 모습 그대로 바라볼 수 있을 것이다. 정말 세상을 바꾸어나갈 학생들이다.

'나의 도움이 필요한 친구가 있구나'

학급에서 장애학생을 적극적으로 돕는 학생을 크게 두 부류로 나눌 수 있다. 한 부류는 자기 할 일을 똑 부러지게 마친 후 여유 있게 장애학생에게 다가가 도움을 주는 학생이다. 매사에 자신감이 넘치고 당찬 친구들이다. 다른 한 부류는 자존감이 낮거나 친구들과 잘 어울리지 못하는 학생이다. 이 학생들은 평소에 다른 사람 앞에 잘 나서지 못한다. 분명 자신도 잘하는 게 있을 텐데 뭘 잘하는지 몰라서 매사에 소극적이다. 그런데 장애학생에게 다가가면서 자신이 할 수 있는 역할을 발견하기 시작한다. 자신은 누구에게도 도움이 되지 않는 존재인 줄 알다가 장애학생을 도울 수 있어서 뿌듯하고 즐거운가 보다.

'나도 할 수 있는 게 있구나.'

'나의 도움이 필요한 친구가 있구나.'

가끔 학급에서 또래 관계가 원만하지 못하여 친한 친구가 없는 학생이 장애학생을 잘 돕는 것을 볼 수 있다. 장애가 있는 친구를 돕는 게 이 학생들에게는 잠시나마 위로와 회복의 시간이 되는 것 같다. 엄밀히 말해서 어떤 경우에는 그 학생들이 돕는다고 하는 행동이 실제로는 장애학생에게 크게 도움이 되지 않을 때도 있다. 그러나 잘 못 도와준다고 나무랄 것은 없다. 아이들은 실수도 하고 좌충우돌하면서 서로가 서로에게 의미 있는 존재가 되어간다.

지금 당장 교실 현장을 보면 장애가 있는 친구를 제대로 도와주지 못하는 학생이 더 많다. 아니, 짜증내고 싫어하는 학생도 많이 보았다. 아직 어려서 충분히 그럴 수 있다. 성장 과정 중에 사춘기적 특성으로 그러기도 한다. 또 비장애학생이 함께 지내는 법을 배워야 하는 대상은 꼭 장애학생만이 아니다. 교실이 다양화된 지금은 다문화가정 학생, 한부모가정 학생, 위기가정 학생이 모두 한 교실에서 지낸다. 아이들은 다양한 관계 속에서 갈등도 겪고 우정도 쌓으며 각자의 성향에 맞게 함께 지내는 방법을 찾아간다.

그래서 나는 비장애학생에게 장애학생을 도와야 한다는 의무감이나 부담감을 갖게 하고 싶지 않다. 그들은 그냥 또래요, 친구이다! 친구 관계로 지낼 수 있도록 지도할 것이다. 그렇지만 나는 믿는다. 통합교육을 경험한 비장애학생이라면 성인이 되었을 때 장애인과 직장 동료로, 이웃 주민으로 잘 지낼 수 있을 것이라고!

장애학생을 돕는 단계

장애학생을 도우려고 하는 교사와 학생에게 가장 먼저 교육하는 내용이 있다. 장애학생을 돕는 데도 방법이 있다는 것이다. 어떻게 도와야 할까? 여기에는 단계가 있다.

첫 번째 단계는 '기다려주기'이다. 종종 장애학생이 잘 못하는 걸 대신해주는 게 돕는 거라고 잘못 알고 있는 아이들이 있는데, 그렇지 않다. 필요할 때 도와줘야지 처음부터 나서서 대신해주는 건 적절한 방법이 아니다. 우선은 잠시 기다리면서 장애학생이 스스로 하는지 지켜봐야 한다. 이때 기다리는 시간은 최소한 5초 이상이 좋다. 행동이 느린 장애학생이라면 주저하고 망설이다가 뒤늦게 행동으로 옮기려고 할 수 있기 때문이다.

말없이 기다리는 시간으로 5초가 어쩌면 세상에서 가장 긴 시간일지도 모른다. 그러나 내가 뭔가를 하려고 하는데 그 순간 부모님이나 선생님이 하라고 말하면 정말 하기 싫어졌던 경험이 누구에게나 있을 것이다. 장애학생도 마찬가지이다. 그러므로 뭔가 해야 하는 지시가 있거나 상황이 되었을 때 장애학생이 스스로 할 수 있도록 기다려주는 것은 꼭 필요한 일이다.

다음 단계는 '한 번 더 말해주기'이다. 혼자 하도록 기다려도 하지 않을 경우에 적용하는 방법이다. 뭘 해야 하는지 확신이 서지 않아서 못하는 것일 수도 있고, 한 번 듣고 바로 행동으로 옮기기 어려운 경우일 수도 있다. 또는 하기 싫은 일이라서 자기가 꼭 해야 하는지 안 해도 되는지 상황을 보고 있을 수도 있다. 이땐 해야 할 일을 짧고 간결하면서도 명확하게 다시 한 번 말해준다.

"○○아, 너 ○○○○ 해야 해."

다음은 '시범 보여주기'이다. 한 번 더 말했는데도 하지 않는다면 말로 듣고는 도저히 뭘 해야 하는지 모르는 경우일 수 있다. 또는 뭘 해야 하는지는 알지만 어떻게 해야 하는지 방법을 몰라서 못할 수도 있다. 그렇다고 성급하게 나서 대신해줘서는 안 된다. 다시한 번 더 말해줘도 하지 않는다면 무엇을 어떻게 해야 하는지 시범을 보여주어야 한다.

"○○아, 이렇게 해 봐."

이 방법도 통하지 않는다면 '손잡고 같이 해주기' 단계로 넘어간다. 시범을 보이는 것조차 효력이 없을 때는 조금 더 적극적으로 나서도 된다. 누구에게나 뭔가를 직접 해 보는 경험은 아주 중요하다. 경험으로 배운 것은 오랫동안 기억에 남고, 한 번 해 본 것은 다음 기회에는 더 쉽게 할 수 있기 때문이다. 이때 장애학생의 손등이나 손목을 잡아서 최대한 장애학생 본인이 직접 사물을 만질 수 있도록 이끌어주는 것이 좋다. 특히 몸으로 익혀서 꼭 배워야 하는 일은 대신해주지 않고 손을 잡고 같이 해야 한다. 그래야 언젠가는 혼자 할 수 있게 된다.

"우리 이렇게 해 보자."

이 모든 단계가 통하지 않을 때 하는 마지막 방법이 '대신해주기'이다. 모두가 다 같이 해야 하는 일이거나, 다음 단계를 하려면 지금 꼭 해야 하는 일인데 손을 잡아줘도 하지 못한다면 대신해주는 것도 필요하다. 장애학생이 직접 하지 않더라도 다른 사람이 하는 걸 직접 눈으로 볼 수 있도록 해주는 것도 좋다. 최후의 방법이기는 하지만 옆에서 지켜보게 하면 그렇게라도 최소한의 참여를 하는 것이 되기 때문이다.

진정한 도움이란

장애학생을 도울 때 처음부터 대신해주면 편할 것이다. 기다리고, 다시 말해주고, 시범을 보여주고, 손잡고 같이하는 이 모든 단계를 다 건너뛰고 대신해주는 게 가장 빠르고 쉽다. 하지만 그건 장애학생을 돕는 게 아니다. 장애학생이 할 수 있는 기회, 배울 수 있는 기회를 빼앗는 것이 된다. 장애학생 본인이 최대한 많은 걸 스스로할 수 있도록 최소한으로 꼭 필요한 정도의 도움만 줘야 한다.

장애학생을 제대로 도우려면 어느 단계에서 도움이 필요한지, 어떤 도움이 필요한지 잘 살펴야 한다. 시범을 보여줘서 할 수 있는 정도라면 손을 잡고 함께하거나 대신해주면 안 된다. 시간이 걸리더라도 장애학생이 직접 해야 배우고 익힐 수 있다.

진정한 도움은 주는 사람의 입장이 아니라 받는 사람의 상황과 필요를 배려하는 것이다. 지금 당장만이 아니라 앞으로도 상대방에게 무엇이 필요한지 물어보고, 어떻게 돕는 게 좋을지 한 번 더 생각한다면, 누구라도 장애학생을 잘 돕는 최고의 방법을 찾을 수 있다.

통합교육 상황에서 비장애학생은 진정한 도움이란 상대가 필요로 할 때 필요한 만큼 제공해야 하는 것이라는 사실을 배운다. 학교생활을 통해 구체적인 상황에 알맞게 단계적으로 하나하나 몸으로 배우기에 사회에 나갔을 때도 장애인을 익숙하게 대할 수 있다.

공감하는 장애이해교육

나는 장애이해교육으로 장애 체험하는 것을 개인적으로 아주 싫어한다. 일회성 행사에 그치는 장애 체험은 더더욱 싫다. 장애가 얼마나 불편하고 힘든 것인지 직접 경험해보고, 장애인을 이해하고 도와야 한다는 마음을 갖도록 하기 위해서 장애 체험을 시킬 수는 있다. 그렇지만 진짜 장애가 아닌, 잠시 체험으로 겪어보는 장애는 오히려 장애인과 비장애인의 차이만 더 부각시킬 우려가 있다. 비장애인과 같은 점을 생각하기보다, 장애를 아주 다르다고 여기게 되어 거리감만 더 커질 수 있다. 그래서 나는 일회성 장애이해교육으로 장애 체험을 하기 보다는, 영화나 책으로 교과 수업을 하며 지속적으로 학생들과 만나기를 좋아한다.

나는 2007년에 개봉한 박규태 감독의 영화 〈날아라 허동구〉를 장애이해교육 자료로 10년 가까이 사용했다. 크게 흥행하지 못해서 무척 아쉬웠던 영화인데, 2000년도 초반에 통합교육 현장에서 장애이해교육 자료로 활용할 수 있었던 최고의 영화라고 생각한다. 일반 초등학교를 다니고 싶은 허동구와 동구가 좋아하는 걸 할 수 있게 해주고 싶은 아빠의 이야기를 담고 있는 이 영화는 비장애학생, 일반교사, 비장애학생 학부모 등 누구를 대상으로 하는 장애이해교육이든 아주 효과가 좋았다.

우선 비장애학생은 동구네 학급 친구들이 하는 행동을 보면서 자신의 모습을 제3자의 눈으로 볼 수 있다. 친구로서 과연 어떻게 행동해야 할지 생각하게 된다. 다음으로 일반교사는 동구네 학급 선생님과 교장선생님의 모습을 통해 그 상황에서 교사로서 무엇을 해야 하고 무엇을 하지 말아야 할지 알 수 있다. 마지막으로 비장애학생의 학부모라면 영화에 등장하는 일반 학부모의 행동을 봄으로써 장애학생과 그 학부모를 대하는 태도가 달라질 수 있다. 누구나 장애학생과 그 부모의 마음을 충분히 공감할 수 있는 영화이다.

《내 귀는 짝짝이》라는 책도 오랫동안 사용했다. 한쪽 귀가 축쳐서 귀가 짝짝이인 토끼 리키의 이야기이다. 친구들에게 놀림을 받은 리키는 양쪽 귀를 세워서 친구들과 똑같은 모습이 되려고 노력한다. 당근을 꽂아보고, 풍선을 매달아보고, 나무에 거꾸로 매달려 보아도 해결되지 않자 의사 선생님을 찾아간다.

"네 귀는 아무 이상이 없단다. 조금 힘이 없기는 해도 소리를 듣는 데는 아무 지장이 없어. 그리고 원래 귀는 다 다르단다."

책을 읽은 후에 학생들과 독후 활동으로 '내가 리키라면 마음이 어떨까?' '의사 선생님이라면 무슨 말을 해줄까?' 등을 생각하며 글을 쓰기도 하고 연극을 해 보기도 한다. 다르다는 것은 잘못된 것이 아니라는 말을 자신의 언어로 이야기한다.

《나랑 좀 달라도 괜찮아》《우리가 달라도》《달라서 좋아요》 등의 책은 제목 자체로 학생들에게 다름에 대해 생각해보게 해준다. 장애에 대해 자연스럽게 깨달음을 주어서 함께 생각할 거리, 토론거리를 마련해주는 자료로 활용하면 효과적이다. '나라면 이런 상황에서 어떻게 할까?' 등의 질문을 통해 장애학생을 이해하고 자기 자신에 대해 생각을 정리하는 기회를 얻을 수 있다.

통합교육을 보다 효율적으로 하기 위해서는 비장애학생이 장애학생을 올바른 태도로 대할 수 있도록 장애이해교육을 강화해야 한다. 학교생활을 함께하는 비장애학생이 장애학생을 편견 없이 받아들이고 우정을 나눌 수 있다면 장애학생이 학교생활에 잘 적응하는 것은 물론이고, 통합교육의 효과도 극대화할 수 있다.

우리는 모두 소중해

'장애인을 도와야 한다'는 것에 이의를 제기하는 사람은 없을 것이다. 그런데 특수교사인 나는 이렇게 반문하고 싶다. 왜 장애인을 꼭 도와야 한다고 생각하는가? '나보다 부족하니까 돕는다?' 나는 이 말에 동의할 수 없다. 그 말은 곧 나보다 부족하지 않은 사람은 돕지 않아도 된다는 뜻이니까. 상대방이 부족한 존재라서 도와주는 게 아니라, 도움이 필요한 상황에 있기 때문에 돕는 것이어야 한다.

언젠가 신문에서 읽은 기사가 생각난다. 연말을 맞아 불우이웃 돕기를 하려던 어느 단체에서 고아원에 있는 청소년들에게 무엇을 선물받고 싶은지 물었다고 한다. 요즈음도 비슷하지만, 그때도 특정 유명 브랜드의 외투를 모든 중·고등학생이 교복처럼 누구나 입는 것이 유행이었다. 고아원의 청소년들은 그 옷을 선물받고 싶다고 했다. 그러자 단체에서는 어이없다는 반응을 보였다. 그 비싼 외투를 어찌 감히 입고 싶어 하는지 이해가 안 간다고 생각했다.

나는 오히려 그 단체의 반응이 더 의아했다. 고아원에 있는 청소년은 또래 친구들처럼 그 외투를 입고 싶어 해서는 안 되는 걸까? 그 기대는 너무나 자연스러운 반응이 아닌가? 왜 내 도움을 받는 사람은 나만큼 가져서는 안 된다고 생각할까? 이와 비슷한 맥락의 고민을 학교에서도 한 적이 있다.

우리 학교에는 장애와 비장애의 경계에 있는 학생이 많이 있다. 자녀에게 좀 더 세심한 배려가 필요하다는 걸 아는 학부모들은 교사가 자녀를 잘 챙겨주고, 친구들도 성품이 좋을 것이라고 기대하며 자녀를 우리 학교에 보낸다. 하지만 현실은 기대와 다르다. 경계선에 있는 학생들이 또래 관계에서 어려움을 겪는 경우가 많다. 비장애학생들이 장애가 있는 친구에게는 마냥 베풀고 도와주면서도, 경계선급 학생에게는 그렇지 않기 때문이다. 비단 경계선급 학생만이 아니다. 장애 정도가 심하지 않은 학생을 대하는 태도도 그렇다. 어떤 때 보면 마치 자신들이 보기에 장애가 있으면 잘 도와주고, 그렇지 않으면 사정을 봐주지 않는 것 같다는 느낌마저 든다.

준혁이는 자폐성 장애의 전형적인 특징을 다 보이는 학생이었다. 자신의 뜻대로 되지 않으면 소리 지르고, 화가 나면 친구를 꼬집기도 했다. 그런 준혁이를 같은 반 비장애학생들은 너그럽게 받아주고 함께 잘 지냈다. 우유 급식 배달하는 일도 잘 도와주었다. 하지만 같은 반에 있는 민정이를 대하는 태도는 아주 달랐다. 청각장애가 있는 민정이는 어릴 때 인공와우 수술을 해서 어느 정도 소리를 들었고, 학업 성적도 중간 이상이었다. 다만 발음이 정확하지 않고, 운동 틱이 있으며, 좀 눈치가 없었다. 비장애학생들은 민정이와 같은 모둠이 되는 걸 좋아하지 않았다. 노골적으로 다른 모둠으로 바꿔 달라고 요구하는 학생도 있었다.

그 태도를 보면서 나는 한동안 고민을 많이 했다. 우리 학교 교육에 어떤 문제가 있는 건 아닌지, 특수교사로서 뭘 못했는지 그동안 해왔던 교육을 돌아보게 되었다. 뭘 놓친 걸까? 너무 장애에 초점을 둔 건 아닐까? 비장애학생이 장애학생을 도와주는 이유는 어차피 도와줘도 경쟁 상대가 되지 않기 때문일까? 장애학생은 늘 자신보다 못해야 하는 걸까? 자신보다 더 잘하면 안 되는 걸까? 아직도 정확한 이유는 잘 모르겠다. 그 생각이 어디에서 비롯되었는지도 명확하지 않지만, 분명한 건 불우이웃돕기 성금을 받는 학생은 특정 유명 브랜드의 옷을 입어서는 안 된다고 생각하는 어른의 사고방식과 크게 다르지 않다는 것이다.

딱히 그때부터라고 할 수는 없지만, 나는 장애이해교육을 할 때 '장애'를 부각시키고 싶지 않았다. 장애를 직접적으로 드러내지 않으면서도 장애학생을 이해할 수 있게 해주는 동화나 영화를 활용할 필요가 있다고 생각했다.

처음 활용한 책은 맥스 루케이도의 《너는 특별하단다》이다. 이 책에 이런 문구가 나온다. '너는 특별하단다' '특별함에는 어떤 자격도 필요 없다' '너라는 이유만으로' 특별하다…. 이 대목에서 학생들은 서로의 특별함, 소중함을 알아차린다. 내가 특별한 만큼 장애가 있든 없든 다른 학생도 특별하다는 것을 깨닫는다. 특별히 장애에 대해 말하고 있지는 않지만 인간 존엄성에 대해 깊이 생각하게 해주는 책이다.

《입이 똥꼬에게》라는 그림책은 우리 몸의 각 부위가 저마다 중요하고 좋은 역할만 하고 싶어 하지만, 똥꼬가 제 역할을 하지 않을 때 얼마나 큰 어려움이 생기는지를 이야기한다. 우리 학급, 우리 공동체 모두가 소중하다는 걸 깨달을 수 있게 해주는 책이다.

장애이해교육을 통해 많은 비장애학생이 장애학생뿐 아니라 다른 사람의 부족하고 약한 모습도 존중하는 마음을 갖기 바란다. 다양성을 수용할 줄 알고 타인을 존중할 수 있는 어른으로 자라기를 간절히 바란다.

통합교육,
2인 3각 경기처럼

통합교육을 실현하려면 그 무엇보다 협력이 중요하다. 마치 우리 몸의 여러 신체 기관이 연결되어 있듯이, 학교의 여러 구성원이 유기적인 관계로 나아가지 않으면 통합교육은 제대로 이루어질 수 없다. 이 사실을 너무나 잘 알기에 나는 그동안 협력을 중시했고, 여러 대상과 협력하기 위해 노력을 많이 했다. 그 과정에서 갈등을 겪는 일도 많았다.

협력이 통합의 관건이라고 강의하며 다니던 내가 한때 일반교사와 특수교사 간의 협력이 어려워서 고민을 많이 하던 시기가 있었다. 어떻게 해야 내가 일반교사를 더 이해할 수 있을지, 어떻게 해야 일반교사에게 특수교육을 더 잘 이해시키고 협력할 수 있을지 알 수가 없었다. 한 번은 평소 존경하는 은사님을 찾아뵙고 그간의 고민을 털어놓기도 했다.

"서로 너무 달라요. 전공이 같은 대학교수들 간에도 견해 차이가 아주 커요."

이 말에 나는 위로받았다. 협력이 잘되지 않는 게 우리 학교만의 일은 아니었다. 이해되지 않는 부분은 그냥 인정하면 된다는 걸 그 순간 깨달았다. 통합교육에서는 어느 한쪽이 상대방의 의견을 수용하고 물러서지 않으면 협력하기 어려운 상황이 생기곤 한다. 서로 영역이 다르고 학문적 배경도 다르다 보니 관점의 차이로 의견 충돌이 생기는데, 협력하지 않고는 할 수 없는 것이 통합교육이다. 협력이라는 필요가 있으니 그 목적을 위해 내 욕심을 내려놓은 지 오래되었다. 방향성만 정해지면 돌아가도 되고 잠시 멈춰도 된다고 믿었다.

특수교사와 일반교사, 교사와 학부모, 학교와 복지관 등이 통합교육의 완성을 위해 협력한다는 건 말처럼 쉬운 일이 아니다. 때로 의도치 않게 불협화음이 생겨서 그게 다른 사람의 눈에는 영역 싸움으로 비춰지기도 한다. 그렇지만 협력이 어렵기는 해도 불가능한 일은 아니다. 장애학생에게 진정 도움이 되는 방법이 무엇인지, 통합교육을 위해 지금 필요한 게 무엇인지 한 번 더 고민한다면 서로를 인정하고 협력하기 위한 노력은 얼마든지 가능하다.

통합의 관건은 일반교사와 특수교사의 협력

장애학생에게는 두 명의 담임교사가 있다. 통합학급 담임교사와 특수학급 담임교사. 가끔 통합학급 담임교사가 장애학생을 자신의 학생이라고 생각하지 못하고 '특수반 학생'이라고 말하는 걸 보곤 하는데, '특수반 학생'이 아니라 '우리 반 학생'이라고 말해야 한다.

통합학급의 담임교사가 장애학생을 자신이 담임하는 학생으로 여기는 것은 통합교육 상황에서 아주 중요한 부분이다. 또한 통합학급 담임교사 입에서 장애학생도 "우리 반 학생입니다"라는 말이 스스럼없이 나올 수 있도록 하기 위해서는 특수교사도 장애학생이 자신의 학생이라는 마음을 내려놓아야 한다. 일반교사에게 담임의 자리를 내주어야 한다. 특수교사가 잡고 있을수록 장애학생은 통합학급의 학생이 되기 어렵다. 특수교사는 단지 통합학급, 통합교육이 더 잘 되도록 지원하는 역할을 해야 한다.

장애학생도 우리 반 학생

교육의 질은 교사의 질을 넘어설 수 없다는 말이 있다. 또 그만큼 통합교육에 있어서는 일반교사의 역할이 통합교육의 성패를 좌우한다고 할 수 있다. 실제로 장애학생이 학급 내에서 소속감을 갖게 하고, 또래 관계를 위해 수용적인 학급 분위기를 조성하며, 장애학생의 수업 참여도를 높여야 하는 것이 통합학급 담임교사의 역할이다. 이때 담임교사가 장애학생을 어떤 시선으로 보느냐에 따라서 그 학급의 비장애학생들이 장애학생을 바라보는 시선이 달라진다.

　우리 학교에는 한 학년에 5개 학급이 있는데, 각 학급마다 통합교육 분위기가 다르다. 간혹 장애학생의 장애 정도와 성향에 따라 영향을 받기도 하지만, 가장 큰 영향은 역시 담임교사에게서 받는다. 담임교사가 장애학생을 존중하고 사랑스러운 눈으로 보고 대하면, 그 반의 비장애학생도 같은 반응을 보인다. 그러기에 교사라는 자리가 두렵고 떨리는 것이다. 학생은 교사를 그대로 보고 행동한다. 마치 가정에서 자녀가 부모의 모습을 보고 배우는 것과 흡사하다고 할 수 있다.

　통합교육 담임교사가 장애학생에게 필요한 것을 직접 생각하고 지원을 요구하면 훨씬 질적으로 높은 통합교육을 할 수 있다. 교과전담교사도 마찬가지이다. 장애학생을 자신이 맡은 학생이라고 여기고 수업에 잘 참여시키려면 무엇이 필요한지, 어떻게 해야 하는지 고민해야 한다. 일반교사가 주인의식을 갖고 학급 운영과 수업 진행에 장애학생을 잘 참여시키는 것이 통합교육의 첫째 전제조건이다.

통합학급을 지원하는 특수교사

통합교육에서 일반교사의 역할이 더 중요하다고 해서 모든 책임을 일반교사에게 돌리려는 건 아니다. 특수교사의 역할 또한 아주 중요하다. 특수교사는 장애학생과 비장애학생의 요구, 장애학생 학부모와 통합학급 담임교사의 요구까지 정확하게 파악하여 서로가 필요로 하는 부분을 충분하게 지원해야 한다. 통합학급, 통합교육이 더 잘 되도록 지원하는 역할을 하는 것이 특수교사가 해야 할 가장 중요한 역할이다.

그래서 나는 장애학생 학부모에게도 자녀가 결석하거나 지각할 경우에는 통합학급과 특수학급 담임교사 모두에게 연락해달라고 당부한다. 내가 통합학급 담임교사에게 가서 전달하는 모양새가 되지 않도록 주의를 준다. 대부분의 장애학생 학부모는 특수교사에게 더 의존하는 경향이 있는데, 이렇게 되면 일반교사는 장애학생에 대한 책임감을 덜 느끼고 관심도 줄어들게 마련이다. 내 학생이 아닌 통합학급 담임교사의 학생으로 나의 자리를 기꺼이 내어줘야 통합교육은 더 잘 이루어진다.

사실 나는 장애학생을 내 학생으로 여기고 교육의 주체가 되고 싶은 마음이 아주 크다. 교사로서 내 학생, 내 제자를 가지고 싶은 것이다. 그러나 나의 그 마음을 내려놓지 않으면 장애학생은 '데

려온 자식'이 되어버린다. 특수학급에서 데려와서 통합학급에 맡긴 꼴이 되는 것이다.

가끔은 나도 교사인데 왠지 뒷전으로 밀려난 것 같은 쓸쓸한 기분이 들 수 있다. 한 번은 장애학생 학부모에게 자녀가 결석하거나 지각하면 통합학급 담임교사에게도 직접 연락하라고 했더니, 내게는 아예 연락하지 않은 경우도 있었다. 자녀의 생일이라고 통합학급에서는 생일파티를 하고 아이들에게 젤리를 나눠주면서, 특수학급에 있던 내게 아무 말도 하지 않았을 때는 정말 서운했다. 그러나 내가 이렇게 속 좁게 서운해하고 있을 때 그 학생이 통합학급에 좀 더 소속감을 갖게 된다면 난 좀 서운해도 괜찮다. 그냥 '흥! 칫! 뿡!' 하고 말면 된다. 오늘도 내 학생이 아니라 통합학급 담임의 학생을 지원하는 교사라는 마음을 되새기며 나의 욕심을 내려놓기로 한다.

자세히 보고 오래 보면

일반교사가 특수교사와 잘 협력하는 것은 통합교육의 성패를 가르는 일이다. 그런데 한때는 일반교사가 장애학생의 담임이 되면 가산점을 주는 제도가 있었다. 그 말은 곧 보통은 일반교사가 장애학생을 별로 맡고 싶어 하지 않는다는 이야기다. 그 마음을 충분히 이해한다. 교직 과목으로 '특수교육개론' 한 과목만 듣고 장애학생을 통합교육해야 하는 게 매우 당황스럽고 어려울 것이다.

그러나 이제는 통합교육이 일반화되어 장애학생의 70퍼센트 이상이 일반학교에 다니고 있다. 언젠가는 장애학생을 만날 수밖에 없는 상황이다. 그렇다고 걱정할 필요는 없다. 교사라면 누구든지 장애학생을 지도할 수 있다고 나는 확신한다.

앞으로는 모든 교사가 수업에서 장애학생을 만나게 될 것이므로, 더 이상 장애학생을 어떻게 가르쳐야 할지 모른다고 이야기할 수 없게 되었다. 그러니 불편해하지만 말고, 지금 맡은 학생 한 명만 잘 알고 가르치면 된다는 마음을 가지는 것이 필요하다. 장애인에 대해 모른다고 말할 필요도 없고, 장애 특성을 모른다고 걱정할 필요도 없다. 모든 장애인은 다 다르므로, 누구도 장애인에 대해 다 안다고 말하지 못하기 때문이다.

어쩌면 교사에게 필요한 자세는 장애학생에 대해 '다 알려고' 노력하는 것이 아니라, 내가 맡은 장애학생 한 명을 잘 알아가는 것일지도 모른다. 그러면서 '새로운 해'를 맞으면 그 해에 '새로 만난 장애학생'을 '새로운 마음'으로 또다시 알아가는 것이다. 지금 맡고 있는 장애학생을 자세히 깊이 있게 바라보고, 세심하게 교육하는 것이 더 중요하다.

일반교사가 장애학생을 한 해 두 해 가르치고 나면 처음과는 달리 자신감이 좀 생긴다. 장애학생을 어떻게 대해야 할지도 조금 알겠고, 그동안 잘 못해준 것에 대한 아쉬움도 있기에 의욕에 차서 강하게 밀고 나갈 수 있을 것 같다. 어쩌면 이때가 가장 조심해야 할 때가 아닌가 싶다. '내가 무언가에 대해 잘 안다'고 자신하는 순간 실수하게 된다. 무엇보다 장애학생을 대하는 방법을 일반화해서는 안 된다. 장애학생마다 독특한 특성과 요구가 있기 때문이다. 장애학생 한 명에게 효과가 있었던 방법이 다른 학생에게는 통하지 않을 수 있다. 자신이 맡은 장애학생 한 명을 잘 알게 되었다면 그 학생 한 명을 잘 알 뿐이다. 특히 자폐성 장애학생의 경우가 그렇다.

나의 경험으로 보면, 일반교사가 장애학생을 처음 만난 그 해에 장애학생에게 가장 좋은 교사가 될 확률이 높다. 물론 특수교사와 잘 협력하며 통합교육을 하는 상황에서 말이다. 자신이 잘 모른다는 생각에 진심으로 다가갔을 것이고, 더 잘해주지 못한 아쉬움도 클 것이다. 그렇지만 그 진심이 장애학생의 삶에서 소중하고 의미 있는 시간으로 기억될 것이다.

나는 나태주 시인의 '들꽃'이란 시를 좋아한다. 이 시의 내용이 장애학생과 많이 닮아있다고 느끼기에 장애학생을 대할 일반교사에게 들려주고 싶다.

"자세히 보아야 예쁘다. 오래 보아야 사랑스럽다. 너도 그렇다."

누군가 나를 불편해하고 부담스러워하길 바라는 사람은 아무도 없을 것이다. 장애학생도 교사가 본인을 편안하고 기쁘게 맞아주기를 바란다. 장애학생을 진심으로 만나 자세히 보면 어떻게 가르쳐야 할지 알 수 있다. 여러 가지 활동을 함께하며 오래 보면 그 학생의 강점이 보인다. 정말 귀하고 소중한 한 학생과 관계 맺을 수 있다. 그러므로 장애에 대해서 모른다고 걱정할 것은 전혀 없다. 자세히 보아서 장애학생이 예쁘게 보이고, 오래 보아서 사랑스럽게 느껴지면 충분히 시작된 것이다.

관계 형성이 시작이다

자기 뜻대로 되지 않으면 때와 장소를 불문하고 소리를 지르는 중학생이 있었다. 평소에는 엄마가 하교를 시키는데, 그날은 할머니가 오셨다. 그런데 그 학생이 뭣 때문에 화가 났는지 학교 본관과 신관 두 건물 사이에 드러누워서 소리 지르며 울기 시작했다. 원래도 목소리가 큰 아이인데, 건물 사이의 울림 현상으로 학교가 떠나갈 듯했다.

내가 소식을 듣고 달려갔을 때는 이미 많은 사람이 모여있었다.

자폐성 장애가 있는 그 학생은 인지능력이 높고 재능이 많았다. 하지만 자기주장이 너무 강해서 다른 사람의 말을 잘 듣지 않기로 유명했다. 내가 보니 날이 저물도록 시멘트 바닥에 드러누워 있을 기세였다. 평소에 하던 것과 너무도 다른 행동을 하기에 나도 모르게 화가 나서 그만 목소리가 단호해졌다.

"왜 그래? 울긴 왜 울어?"

"일어나! 여기가 어디라고 누워있어?"

그 짧은 몇 마디에 그 학생이 벌떡 일어났다. 심지어 나를 끌어안고 울면서 "탈출시켜줘서 고마워요."라고 말했다. 내가 뭘 탈출시켜줬다는 거지? 아마도 시멘트 바닥에서의 탈출을 말하는 것 같았다. 자기 딴에는 무슨 일로 화가 나서 소리를 지르며 바닥에 드러누운 것뿐인데, 이 사람 저 사람이 일어나라고 성화를 하니까 그냥 일어나기는 좀 민망해서 이러지도 저러지도 못하고 있었던 모양이다.

그 상황을 지켜본 많은 사람이 내게 비법이 뭐냐고 물었다. 장애학생이 일반교사의 말은 잘 듣지 않는데, 특수교사가 지시하면 즉시 행동으로 옮긴다는 것이다. 비법이 뭘까? 그건 다름 아닌 관계 형성이다. 함께한 시간이 많았기에, 내가 그 학생을 아는 것만큼 그 학생도 나를 잘 아는 것이다. 내가 뭐든 한 번 지시하면 할 때까지 끝까지 지시한다는 걸 알기에 그 학생은 곧바로 일어났을 것이다. 또 내가 시키는 행동은 자신에게 좋은 일이라는 걸 경험으로 알고 있었기에 곧바로 행동에 옮길 수 있었을 것이다.

자신은 학생을 알아가려고 충분히 노력했고 또 열심히 지도했는데 장애학생이 지시를 잘 따르지 않는다고 고민하는 일반교사를 많이 보았다. 알고 보면 교사 자신은 학생에 대해 충분히 알고 있을지 몰라도, 정작 학생은 교사에 대해 잘 알지 못할 가능성이 높다. 일방적인 관계일 뿐, 서로 간에 관계 형성이 제대로 되지 않았을 것이다. 많은 사람 가운데 있어도 비장애학생은 누가 교사인지 금방 알아차릴 수 있지만, 장애학생은 함께 지낸 경험이 어느 정도 쌓여야 누가 교사인지 알고 지시도 따를 수 있다.

이런 이유로 우리 학교에서는 매년 새 학년을 앞두고 '첫 만남'이라는 행사를 마련한다. 일반교사가 통합학급에서 30명 가까운 학생 속에서 장애학생을 만나면 어떻게 교육해야 할지 모르고, 빨리 대처하기도 어렵다. 장애학생 또한 누군지도 모르는 사람의 이야기에 집중하지 못한다. 이런 상황을 예방하기 위한 대안으로 장애학생과 일반교사가 개별적으로 만나 활동하는 시간을 갖는다.

담임교사는 간단한 간식 만들기나 게임 활동으로 친밀한 시간을 가지면서 장애학생에게 자신이 담임교사임을 알려준다. 그 과정

에서 학생의 수행 수준을 파악할 수 있다. 교과전담교사 또한 해당 교과목과 관련한 활동을 한다. 체육 교사는 체조와 달리기를 시켜 보고, 미술 교사는 그림을 그리게 하고, 음악 교사는 노래를 부르거 나 리코더를 연주하게 한다. 이 만남을 통해 교과전담교사는 장애학 생의 해당 교과에 대한 수행 수준을 파악하고, 한 학기 동안 어떤 목표로 교육할지 생각할 수 있다.

이 짧은 만남이 주는 효과는 생각보다 아주 크다. 장애학생은 '아, 이분이 우리 선생님이구나'를 알고 나중에 수업 시간에 교사의 말에 주의를 집중할 수 있다. 앞으로 일 년 동안 교사와 장애학생과 의 관계가 달라진다. 새 학년에 적응하는 데도 많은 도움이 된다.

일반교사와 특수교사의 협력이 어려울 때

통합교육 상황에서는 장애학생 한 명을 통합학급 담임교사와 특수 학급 담임교사, 이 두 명의 교사가 동시에 지원한다. 학급이나 학교 안에서 장애학생이 또래 관계를 잘 맺고, 수업 시간에 학습 수행 및 성취도를 높이며, 현장 학습이나 체험 활동 등 여러 행사에 의미 있 게 참여할 수 있도록 다양한 영역에서 지원을 아끼지 않는다. 간혹 어느 한 사람이 놓친 부분이 있더라도, 나머지 한 사람이 채워줄 수 있어서 장애학생이 학교생활을 하는 데 큰 도움이 된다.

그런데 만약 통합학급 담임교사와 특수학급 담임교사가 교육 철학이나 방법에 있어서 차이가 크다면 어떻게 될까? 아주 곤란한 상황이 생길 것이다.

간혹 가정에서도 엄마 아빠의 양육 태도가 너무 달라서 갈등을 빚는 경우가 있다. 상대방이 너무 허용적으로, 혹은 너무 엄격하게 훈육한다고 여기고, 그 방식이 자녀에게 좋지 않은 영향을 줄까 봐 불안한 나머지 불만이 생기기 때문이다. 서로의 입장과 성격의 차이, 양육에 대한 관점이 달라서 생기는 문제이다. 자녀를 잘 키우고 싶은 마음은 둘 다 똑같은데, 의견 불일치로 오히려 자녀를 더 불안하게 하고 건강하게 성장하기 어렵게 할 수 있다.

부모 간에 의견이 상충할 수 있는 것처럼, 통합학급 담임교사와 특수학급 담임교사 간에도 의견 불일치가 충분히 생길 수 있다. 둘이라서 좋은 점도 있지만 둘이기 때문에 어려운 상황도 있게 마련이다. 특수교사와 일반교사가 협력하면서 서로를 위로하고 격려할 수도 있지만, 때로 그 과정에서 불꽃 튀는 신경전이 벌어진다는 것은 부인할 수 없는 일이다.

협력을 위한 개별화교육계획

사실상 두 교사가 같이 간다는 건 2인 3각 경기를 하는 것처럼 어려운 일이다. 혼자 가면 빨리 갈 수 있지만, 둘이 같이 가면 처음엔 넘어지기 십상이다. 서로에게 맞춰야 하는 과정이 필수적으로 수반되기에 그만큼 느려질 수밖에 없다. 그럼에도 같이 가야 한다. 혼자서 달리는 것만큼 빠르지 못해도 둘이 함께하면 힘들고 지칠 때 서로에게 힘이 되고 더 좋은 길을 찾아서 멀리까지 갈 수 있다. 그러므로 서로의 속도를 파악해야 한다. 두 교사가 각자의 장점을 최대한 발휘하기 위해서는 소통과 협의를 통해 교육 철학을 공유하고, 교육 방법을 합의해야 한다.

그래서 나는 일반교사와 협력할 때 서로 의견이 다르다고 느끼면 먼저 파트너의 의견에 맞추려고 노력한다. 이건 어디까지나 나의 일방적인 생각일 수 있다. 나의 파트너들은 그렇게 생각하지 않을 수도 있지만, 어쨌거나 나는 대개의 경우 파트너가 원하는 방법을 먼저 시도하려고 노력한다. 결정적인 오류가 있거나 잘못된 방향이 아니라면, 나의 경험상 이 방법이 훨씬 효과적이었기 때문이다. 파트너교사가 원하는 틀 안에서 내가 원하는 것을 제시하면서 서로 의견을 맞춰나가는 것이 내가 일반교사와 잘 협력하는 비결이다.

10여 년 전, 특수교사 1급 정교사 연수에서 강의할 때였다. 통합교육에서 가장 큰 쟁점은 협력인데, 많은 특수교사가 매년 새로운 일반교사와 만나 협력하는 것이 어렵다고 호소했다. 일반교사마다 교육 철학과 방법이 다 다르다는 것이다. 나는 그 자리에 참석한 특수교사들에게 일반교사를 위한 개별화교육계획을 짜라고 제안했다. 장애학생 교육에 적용하는 개별화교육계획을 일반교사를 대상으로 짜라고 하니 얼핏 우스갯소리처럼 들릴 수 있지만, 내 설명을 듣고는 다들 공감했다. 한 교사는 연수가 끝난 후에 내 설명을 듣고 느낀 소감을 글로 써서 개인 블로그에 올리기도 했다.

일반교사는 장애학생에 대한 지식이나 경험의 정도가 저마다 다르다. 모든 일반교사가 똑같은 수준으로 통합교육을 성취할 수 있다고 기대하기는 어렵다. 일반교사의 교육적 열의와 수행 정도를 감안하여 두 사람이 함께할 수 있는 최대치의 목표를 설정한 다음, 한 단계씩 작은 목표를 성취해가는 것이 효과적이다. 그래야 두 교사가 모두 지치지 않고 장애학생을 교육할 수 있다. 무엇보다 개별화교육에 있어서 전문가는 특수교사이다. 장애학생만이 아니라 필요하다면 함께하는 일반교사를 위한 개별화교육계획도 짤 수 있어야 한다. 무슨 계획서를 작성하거나 평가를 하라는 이야기가 아니다. 일반교사를 최대한 지원하는 방향으로 계획을 짜야 한다.

일반교사든 교과전담교사든 협력하는 과정에서 언제든 어려움이 생길 수 있다. 서로 상처를 받기도 있고, 서운하거나 불만스러운 감정이 생길 수도 있다. 반드시 기억해야 할 것은 교사끼리 통합되지 않고서는 학생을 통합시킬 수 없다는 것이다. 그러므로 특수교사가 먼저 나서서 문을 두드리는 용기도 필요하다. 서로 맞추어 나가다 보면 교사들 간의 통합도 어느 순간 이상이 아닌 현실이 될 수 있다.

"내가 교장선생님이야"

특수교사들은 4-5년마다 근무지를 옮길 때 교장선생님의 성향을 먼저 파악한다고 한다. 통합교육에 대해 어떤 생각을 가진 분인지에 따라 특수학급 운영에 커다란 차이가 있다는 것이다. 가령 안전이 가장 우선인 교장선생님은 장애학생이 현장 학습을 나가는 자체를 좋아하지 않는다고 한다. 반면 특수학급에 관심이 많은 교장선생님은 특수교육에 관한 정보를 듣고 먼저 나서서 추진하도록 지시한다고 한다. 확실한 것은 교장선생님의 성향에 따라 그 학교 전체의 통합교육 분위기가 달라진다는 것이다

연수에서 만난 한 특수교사는 교장선생님과의 의견충돌로 힘들어하고 있었다. 교장선생님이 특수학급의 인원이 적다는 이유로

특수학급으로 배당된 지원금을 학교의 환경 미화를 위해서 쓰고자 하셨다는 것이다. 요즘은 교장선생님도 교육도 받고 연수도 받지만, 특별한 경우를 제외하고는 특수교육에 대해 제대로 이해하지 못하는 경우가 많은 게 사실이다.

이때도 나는 개별화교육계획을 짤 것을 제안했다. 교장선생님에게 특수교육에 대해 알려줄 수 있는 방법을 찾아 실행하라고 했다. 교장선생님과 협력할 필요가 생겼으니 방법을 만들어야 한다.

요리 수업이나 특별한 체험 활동처럼 재미있는 수업에 교장선생님을 초대하는 것도 효과적인 방법이 될 것이다. 특수학급 학생의 활동을 직접 눈으로 보면서 자연스럽게 관심을 갖게 할 수 있다. 만약 오지 못한다면 찾아가는 방법도 있다. 장애학생에게 교장선생님께 인사하기, 교장실 찾기, 교장선생님에 대해 알기 등과 같은 과제를 내준다. 물론 그 전에 교장선생님께 미리 과제를 알리고, 학생들이 왔을 때 해야 할 일을 안내하는 것이 좋다. 장애학생이 인사할 때까지 기다렸다가 인사 받아주기, 장애학생에게 이름을 물어보고 대답 듣기 등 교장선생님이 잘할 수 있도록 준비하는 센스가 필요하다.

그리고 이 과정을 반복한다. 교장선생님이 장애학생을 개인적으로 알아가고 이 아이들의 독특한 매력에 빠져들 때까지. 그렇게 된다면 교장선생님도 장애학생과 제대로 관계를 쌓고 통합교육과 특수학급을 지지하게 될 것이다.

한 번은 교장선생님을 대상으로 하는 통합교육 사례 발표회에서 학교에서 장애학생을 만나면 자신이 누구인지는 알게 하라고 제안했다. 장애학생에게 '교장선생님'이라는 말을 가르쳐주고, 그 '교장선생님'이 바로 자신임을 꼭 알려주라고 권했다.

"나는 교장선생님이야. 내가 누구라고?"

1단계로 장애학생에게 자신이 '교장선생님'이라는 사실만 가르쳐도 성공이다. 그런 다음 2단계로 장애학생이 "○○○ 교장선생님."이라고 성함까지 말할 수 있도록 가르치라고 안내했다. 이런 식으로 관계를 맺는다면 다음에는 어떤 일이 일어날까? 장애학생이 교장실로 찾아오는 기쁨을 맛보게 될 것이다.

중재하는 자의 어려움

통합교육 상황에서 특수교사는 여러 대상과 협력해야 한다. 학부모는 물론이고 일반교사, 여러 교직원, 특수교육 보조 인력과도 함께 일해야 한다. 그들 사이에 요구가 서로 다를 때는 중간에서 중재도 해야 한다. 그러다 보면 입장이 난처해지는 순간이 생긴다.

특수교육은 개별화교육계획을 잘 수립해야 하므로 특수교사는 장애학생 학부모와 친밀한 유대관계를 맺게 된다. 그러다 보면 원하지 않게 통합학급 담임교사와 학부모 간에 의견이 맞지 않는 상황에서 양쪽을 중재하는 역할을 떠맡기도 한다.

훈육에 있어서 담임교사의 방식과 본인의 방식이 너무 달라서 고민하는 장애학생 학부모가 있었다. 담임교사가 학급 규칙을 좀 더 구체적이고 명확하게 제시해서 자녀가 반드시 지킬 수 있도록 교육하고 싶어 했다. 자폐성 장애가 있는 자녀는 뭐든 한 번 허용하면 그 후로 규칙을 잘 지키지 않으려고 하는 성향이 있는데, 담임교사가 왜 수업 시간에 자녀가 과제를 다 하지 않아도 그냥 두는지 모르겠다고 했다. 앞으로는 과제를 꼭 해야 한다고 한 번 더 이야기하고, 자녀가 다하면 잘했다고 말해주면 좋겠다고 했다. 학부모의 안타까운 마음을 충분히 알 것 같아서 나는 공감하며 고개를 끄덕였다.

학부모가 떠나고 담임교사를 만났다. 담임은 장애학생이 과제를 다 못 마쳤지만 할 수 있는 데까지 열심히 했다고 말했다. 그 학생 수준에서는 제법 잘 했는데 부모님이 너무 많은 걸 하기를 원한다고 하소연했다. 자신은 학생에게 동기를 부여해서 스스로 할 수 있도록 기다려주고, 학생이 자기 행동에 책임을 지도록 가르치고 싶다고 했다. 자율성을 길러주려고 노력하지만 최선을 다해서 부족한

부분이 없도록 챙기려고 노력한다는 말에 나는 그거면 충분하다고 말했다. 교사가 얼마나 애쓰는지 느껴졌다.

그 순간 갑자기 내가 박쥐같다는 생각이 들었다. 쥐 같기도 하고 새 같기도 한 박쥐처럼 이쪽저쪽을 왔다 갔다 하니 말이다. 나뿐만 아니라 많은 특수교사가 비슷한 생각을 하곤 한다. 통합교육을 위해 협력하려고 더 많이 신경을 쓰고 노력하면 할수록 '내가 지금 뭐 하고 있는 거지?' 하는 생각이 들 때가 있다. 분명 한 입으로 두 말하는 것은 아닌데 나는 왜 박쥐같다는 생각이 드는 걸까?

의견이 다른 대상 사이에서 중재를 하다 보면 이쪽도 저쪽도 제대로 공감해주지 못할 때가 있다. 힘들어하는 학부모에게는 담임교사의 어려움도 좀 이해해달라고 말하고, 담임교사에게는 학부모의 힘든 상황을 이야기할 때가 있다. 중간에서 양쪽의 입장을 대변하고 조율하다 보면 양쪽 모두로부터 환영받지 못하는 박쥐가 되어버리는 슬픈 현상이 생긴다.

분명한 사실은 나 자신을 가끔 박쥐같다고 느끼긴 해도 전혀 부끄럽지 않다는 것이다. 중재자의 입장에서 '어쩔 수 없는 일'이라고 합리화하려는 것이 아니다. 여러 대상 사이에서 의견을 조율하고 중재하는 특수교사의 역할은 통합교육에서 아주 중요하다. 박쥐같아 보이는 그 순간이 실은 협력을 위해 최선을 다하는 순간이다. 그 모두가 거짓이나 위선이 아닌, 중재를 위한 역할임을 생각하며 오늘도 나 스스로를 다독여본다.

학교 구성원과 협력하기

친구는 학창 시절뿐 아니라 교직 생활에서도 아주 의미 있는 존재이다. 나의 친구는 나이가 많든 적든 상관이 없었다. 밥을 같이 먹어도 좋고 그냥 같이 앉아있기만 해도 힘이 되는 친구들이 있었다.

지금 다니는 학교에서 만난 첫 번째 친구는 음악 교사였다. 특유의 밝고 높은 목소리가 늘 내게 힘이 되었던 그 친구는 언제부터인가 합창반에 장애학생을 포함시키기 시작했다. 그 이후로도 좋은 친구를 많이 만났다. 장애학생을 위해 수업 난이도를 조정하고 시험지 수정까지 혼자 해내던 과학 교사, 어려운 수업에도 장애학생을 잘 참여시키는 영어 교사, 급식 시간에 장애학생을 사랑의 눈으로 쳐다보며 맛있는 거 하나라도 더 주려고 하는 영양사, 장애학생의 도전행동을 끝까지 훈육하려고 애쓰는 담임교사, 장애학생에게 예체능이 얼마나 중요한지 누구보다 잘 아는 팀장, 학교 회계에 특수교육의 중요성을 잘 반영해주던 행정실 선생님까지 예나 지금이나 친한 친구들이 학교 곳곳에 있었다. 학교 운영 전반에 걸쳐 통합 교육을 먼저 고려하는 교감, 교장 선생님도 빼놓을 수 없다. 이들 모두가 각자의 자리에서 반쯤은 특수교사의 역할을 하고 있었다고 나는 자부한다. 나의 특수교육적 색깔이 그분들에게도 자연스럽게 물들었을 것이다.

우리 학교에 스쿨버스가 있을 때는 기사님에게 장애학생을 대할 때의 주의사항을 알려주고, 아이들이 안전하게 승하차하며 자리에 잘 앉아있도록 교육해달라고 안내했다. 식당에서 배식하는 분에게 ○○이가 '더 주세요'라고 말할 때만 음식을 더 주도록 해서 자신이 원하는 바를 요구하는 의사소통 능력을 향상시키도록 기회를 주라고 부탁했다. 복도 청소하는 분에게는 ○○이가 수업 중에 혼자 돌아다니고 있으면 교실에 들어가라고 말해달라고 안내한다. 학교 경비실에는 학교 밖으로 외출할 위험이 있는 학생을 미리 안내하여 혹시 일어날지 모를 사고를 사전에 예방했다.

통합교육은 특수교사 혼자 하는 것이 아니다. 학교 구성원 모두가 각자의 자리에서 장애학생을 자연스럽게 받아들이고 자신의 전문 영역에서 필요한 지원을 해야 한다. 각 영역의 전문가가 지원하는 것이야말로 최고의 통합교육일 것이다. 단 혼자만의 생각으로 하는 것이 아니라 전문적인 특수교육의 조언이나 상담을 바탕으로 해야 한다. 가끔 학교생활 중에서 선무당이 사람 잡는 광경도 많이 보았기 때문이다.

보조 인력과 발맞추기

통합교육 상황에서는 보조인력과의 협력도 중요하다. 대표적인 보조 인력이 바로 특수교육지도사이다. 특수학교에서도 그렇지만, 일반학교의 통합교육 상황에서도 장애학생의 이동과 신변 처리, 학습권 보장을 위해 특수교육지도사에 대한 요구가 꾸준히 있어왔다.

우리 학교에서는 특수교육지도사를 '섬김이'라고 부른다. 장애학생을 섬겨주는 사람이라는 뜻으로, 재학생 학부모를 대상으로 선발한다. 자녀가 장애학생이든 비장애학생이든 관계없이 선발하고, 학비를 감면해주는 정도로 감사를 표현한다. 2000년대 초반부터 조금씩 시도했던 섬김이 제도를 2004년부터 활성화해서 지금은 학년별로 한 명씩 배치하고 있다.

섬김이 중에는 유아교육과나 수학교육과 출신도 있고, 중학교 음악 교사이거나 고등학교 영어 교사 출신도 있었다. 섬김의 자세를 잘 갖추고 있어서 교육적 효과가 아주 좋았다. 특수교육지도사가 한창 늘어나던 2010년대에는 특수교육지도사의 자격 논란이 심각했는데, 우리 학교에서는 그런 걱정 없이 통합교육에서 중요한 역할을 해낼 수 있었다.

병역의무를 대신해 장애학생의 학교생활을 지원하는 사회복무요원도 통합교육에서 중요한 보조 인력이다. 그런데 사회복무요원에 대해서 특수교사들은 복불복이라는 표현을 쓰기도 한다. 그만큼 천차만별이기 때문이다. 가끔은 '관리해야 하는 학생이 한 명 더 늘었다'고 말하는 교사도 있다.

우리 학교에서도 다양한 사회복무요원을 경험했다. 처음 배치된 사회복무요원은 축구선수 출신으로, 장애학생의 필요를 정확하고 성실하게 채워주며 수업을 잘 보조했다. 군복무가 끝난 후 우리 학교 체육 교사로 임용할 정도로 교사와 학부모의 만족도가 높았다. 그래서 학교에서는 사회복무요원에 대한 기대가 매우 컸다.

그러나 기대가 큰 만큼 실망이 아주 컸던 적도 있다. 본인 공부도 하기 싫었다던 한 사회복무요원은 중학교 수업에서 장애학생의 수업 보조로 온종일 일반학급 수업을 함께하는 것을 아주 힘들어했다. 어려운 수업에 흥미가 없는 장애학생에게 한 단어라도 더 읽고 쓰도록 돕는 것은 그 사회복무요원뿐 아니라, 그렇게 하도록 지도해야 하는 특수교사까지 서로가 못 할 노릇이었다.

나는 2년씩 근무하는 사회복무요원을 여러 명 경험해본 후 개인차를 인정하게 되었다. 개인마다 가진 장점을 최대한 활용하고 서로에게 도움이 되는 방법을 찾아야 했다. 그들의 필요와 요구를 듣고, 욕심 부리지 않고 꼭 필요한 것만 제안하며, 잘했을 때는 칭찬도 아끼지 않아야 했다. 또 어떤 점이 도움이 되는지 정확하게 알려주며 소통하니, 충분히 도움이 되는 보조 인력으로 자리 잡았다.

교사부터 보조 인력까지 장애학생과 함께하는 그 누구에게도 너무 과한 요구를 하거나 욕심을 내면 안 된다. 오히려 부작용만 생길 수 있다. 그들의 상황과 태도 등을 잘 파악해서 그에 맞게 적절한 개별화교육계획을 짜야 한다. 보조 인력에게는 통합교육에 필요성과 당위성을 먼저 이해시키고, 장애학생과 함께하는 법과 올바른 지원 방법을 알려줘야 한다. 그런 다음 최선을 다하기를 기대하고 기다려야 한다. 그렇게 할 때 장애학생을 만나는 그 누구도 장애학생과 함께 즐겁고 행복한 시간을 보낼 수 있다.

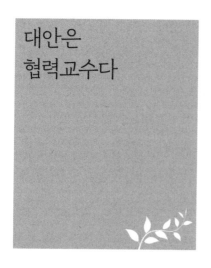

대안은
협력교수다

협력교수는 두 명의 교사(일반교사와 특수교사)가 장애학생이 통합된 일반학급에서 공동으로 수업하면서 장애학생뿐 아니라 비장애학생까지 학급 내 모든 학생에게 질적으로 더 나은 교육을 제공하는 것이다. 두 교사가 평등한 입장에서 수업 계획과 준비, 수업 진행, 학습 평가, 학급 관리, 학생 관리 등에 주도적으로 참여하는 교수활동이다.

처음 협력교수를 했던 날을 아직 잊을 수가 없다. 특수학급에서 5-6명의 장애학생과 수업을 하던 특수교사인 내가 30여 명의 학생 앞에서 수업을 했다. 몇 백 명 앞에서 강의를 해도 전혀 긴장하지 않는데, 그날은 왜 그렇게 정신이 없었는지 특수교사인데도 장애학생이 눈에 들어오지 않았다. 장애학생이 손을 들고 발표하려고 하는데도 보지 못하고 넘길 뻔했다. 나는 지금도 특수학급 수업 준비보다 협력교수를 준비하는 데 더 많은 시간과 노력을 들인다. 업무가 많아 부담이 되기는 하지만, 그 가치를 부인할 수 없는 게 협력교수이기 때문이다.

일반교사와 특수교사, 마음을 모으다

'통합교육을 실현하려면 협력이 중요하다'는 말은 아무리 강조해도 지나치지 않다. 특히 일반교사와 특수교사 간에 협력이 얼마나 잘 이루어지느냐가 통합교육의 성패를 가른다고 해도 과언이 아니다. 그러나 현실에서는 두 교사가 협력하는 모습을 좀처럼 보기 어렵다. 많은 학교에 특수교사와 일반교사가 함께 있지만, 특수교사는 특수학급에서, 일반교사는 일반학급에서 각자 자신의 수업을 할 뿐이다. 일반교육과 특수교육을 분리해 인식하는 것이 오랜 관행으로 뿌리 박혀 있는 것도 그 이유 중 하나일 것이다.

그러나 협력교수를 하게 되면 일반교사와 특수교사가 협력하지 않을 수 없다. 한 교실에서 함께 수업하면서 두 교사의 관계에 놀라운 변화가 일어난다. 이전에는 보이지 않던 것이 새롭게 보이기 시작한다. 그동안 몰랐던 상대의 입장을 이해하게 되고, 어려움도 알게 된다. 또 서로의 전문성을 배우면서 교사로서 한 단계 발전하는 계기를 얻을 수 있다.

특수교사, 일반교사의 입장을 이해하다

특수교사가 한 학교에서 근무하는 일반교사와 함께 일하다 보면 종종 서운한 마음이 들 때가 있다.

"선생님, 이거 제가 만든 학습지예요. 수업 시간에 ○○이에게 주면 잘할 거예요."

장애학생이 통합학급 수업을 잘 따라가도록 학습지를 만들어 지원할 때가 있다. 내가 장애학생과 함께 풀어달라고 한 것도 아니고, 채점을 해달라고 한 것도 아니다. 그냥 전해만 달라고 했을 뿐이다. 그러나 학습지를 장애학생에게 전달하는 것, 그 하나조차도 이루어지지 않는 때가 많았다. 심지어 일반교사가 먼저 요청한 경우에도 그랬다. 비장애학생들이 어려운 문제를 풀 때 장애학생이 뭐라도 할 수 있도록 학습지를 만들어달라고 하면, 나는 바쁜 시간을 쪼개어 열심히 만들어 갖다 준다. 그런데 나중에 보면 교사의 책상 구석에 그대로 있는 경우가 있었다.

'그냥 장애학생에게 갖다 주기만 하면 되는데…'

'그거 하나 해주는 게 뭐가 그리 어려울까?'

나는 좀 서운했다. 한마디로 이해할 수 없었다. 그랬던 내가 협력교수를 하면서 일반교사를 이해할 수 있었다. 아니, '그럴 수도 있었겠구나.' 하며 이해하는 정도가 아니라 '그럴 수밖에 없었겠구나.' 하며 절대 공감을 하게 되었다.

협력교수 시간, 많은 학생이 동시에 쏟아내는 요구와 반응을 보면서 그제야 이 많은 학생을 이끌고 수업하다 보면 학습지 하나 갖다 주는 것도 경우에 따라서는 쉽지 않을 수 있다는 걸 알았다. 그동안 일반교사가 장애학생에게 소홀하다고 느꼈던 것, 특수교사와 협력하는 데 소극적이라고 여겼던 일들이 나의 섣부른 오해이자 착각임을 알았다. 더 나아가 일반교사가 장애학생을 다루는 데 고충이 있음을 알게 되면서 통합교실에서 실질적으로 적용할 수 있는 새로운 교수 방법을 찾기 시작했다.

든든한 지원군을 얻다

특수교사인 나는 통합학급에서 비장애학생을 대상으로 수업하는 기술이 부족하다는 생각을 종종 한다. 특히 통합교육에 효과적인 교수 방법인 협동학습을 진행하는 게 쉽지 않았다. 자칫하면 교실이 난장판이 될 수 있기에 어떤 교수 기법을 적용해야 할지 고민이 많았다. 그러나 협력교수를 하면서 그 고민을 자연스럽게 해결할 수 있었다. 일반교사가 수업하는 모습을 보면서 교육 과정이나 교과 내용에 대한 전문성을 배울 수 있었다. 지난 10여 년 동안 여러 일반교사에게서 많은 걸 배우고 내 수업에 적용할 수 있어서 나는 참 기쁘다. 무엇보다 학교 안에 든든한 지원군이 있어 좋았다.

특수교사의 하루는 학생이 학교에 도착하는 순간부티 정신없이 돌아간다. 장애학생이 교실로 곧바로 가지 않고 어디선가 헤매고 있다는 연락이 오기도 한다. 수업 중에 이유 없이 우는데 어떻게 해야 할지 난감하다며 호출이 오기도 한다. 감기약을 먹여달라는 학부모의 전화가 오면 교실로 찾아가서 약을 먹여야 한다. 수업 외에도 다양한 일이 생겨서 그야말로 '어디선가 누군가가 부르면 달려간다'는 자세로 있다. 게다가 통합교육을 하는 대부분 학교에는 특수교사가 한 명뿐이다. 가끔 특수학급이 두세 개 있는 학교도 있지만 보통은 혼자 근무하는 경우가 많다. 학교 안에 친한 동료가 있다고 해도 업무의 특수성을 이해하기 어려워 마음을 나누기도 쉽지 않다.

그런데 협력교수를 하면서 일반교사와 함께 수업을 계획하고, 평가도 함께한다. 처음에는 협의를 위해서 만나지만 차츰 장애학생에 대한 교육 방법이나 고민도 함께 나눈다. 그 과정에서 서로의 개인생활에 대해서도 깊이 있게 이야기 나누게 된다.

일반교사, 특수교육의 전문성을 익히다

협력교수를 통해 일반교사는 특수교육의 전문성을 많이 배울 수 있다. 그동안은 특수교육을 전공하지 않은 상태에서 많은 비장애 학생 사이에 있는 장애학생을 잘 통합시키기가 쉽지 않았다. 그러나 협력교수를 시작하면서 장애학생에게 무엇을 어떻게 가르쳐야 할지 자연스럽게 알게 된다. 특수교사가 장애학생을 대하고 지도하는 모습을 옆에서 지켜보면서 특수교육의 전문성을 익히는 것이다.

많은 일반교사가 특수교사의 지시는 잘 따르는 장애학생이 왜 일반교사의 지시는 따르지 않는지 이유를 묻곤 한다. 그때마다 나는 '장애학생이 할 수 있는 것을 지시해야 하며, 무엇보다 일단 지시하면 그 학생이 반드시 할 수 있다고 믿으며 끝까지 하게 해야 한다.'라고 대답해주었다. 그러면 너무 교과서적인 답이라서 어떻게 해야 할지 모르겠다고 대답하는 경우가 많다.

그런데 하루는 일반교사 한 분이 협력교수를 한 이후에 드디어 답을 찾았다면서 내게 이렇게 말했다.

"수업 시간에 장애학생 지도하는 걸 지켜봤더니, 선생님은 한 번 지시한 것은 학생이 할 때까지 또 지시하고 기다리다가 또 지시

해서 반드시 수행하게 만드시더라고요."

내가 그전에 했던 말과 똑같은 내용인 것 같은데, 그 교사는 엄청난 사실을 알았다는 듯 말했다. 똑같은 말이라도 다른 사람이 해준 것이 아니라 자신이 직접 보고 느낀 것이라서 다르게 느껴지는 모양이었다.

이처럼 협력교수를 통해 일반교사는 특수교사의 전문성을 배우고, 특수교사는 일반교사의 전문성을 배운다. 자연스럽게 일반교사와 특수교사 간의 관계가 좋아질 수밖에 없다. 이전에도 좋은 동료였지만 이제는 마치 한 배를 탄 것처럼 친밀해진다. 협력교수를 위한 회의를 하면서 서로를 믿고 의지하게 된다. 상대의 입장을 이해하고 공감할 수 있다는 것만으로도 서로에게 특별한 존재가 된다. 학생 상담 및 학급 운영에 대한 고민도 함께 나누면서 더 좋은 해결 방법을 찾을 수 있게 된다.

모두가 행복한 수업

앞서 언급했듯이, 협력교수는 장애학생뿐 아니라 비장애학생까지 학급 내 모든 학생에게 질적으로 더 나은 교육을 제공하는 것이다.

교사 두 명이 수업을 진행하기 때문에 교사 대 학생의 비율이 절반으로 줄어든다. 수업을 준비하면서 도움이 필요한 학생을 고려하고 수업 목표나 내용을 수정하여 수준에 맞게 적절하게 지도할 수도 있다. 이러한 장점은 장애학생뿐 아니라 학급의 모든 학생에게 도움이 된다. 교사와 학생 간에 긍정적인 관계 형성도 가능하다.

특수교사도 우리 선생님

협력교수가 지닌 장점 중 하나는 비장애학생이 특수교사와 의미 있는 관계를 맺을 수 있다는 것이다. 사실 협력교수를 시작하기 전만 해도 비장애학생과 특수교사 사이에는 교감할 수 있는 기회가 적었다. 함께 공부할 기회가 없으니 비장애학생 입장에서는 특수교사를 본인과는 무관한 교사로 여기게 된다. 그러나 협력교수를 통해 함께 수업하는 시간이 생기면서 비장애학생은 '특수교사도 우리 선생님이구나'라는 인식을 자연스럽게 갖게 된다. 특수교사를 '자신의 선생님'으로 받아들이는 순간 교사의 말에 귀 기울이게 된다.

이때부터는 특수교사도 교사로서 비장애학생에게 영향력을 미칠 수 있다. 이전까지는 '장애학생과 어떻게 지내야 한다'라는 특수교사의 가르침이 비장애학생들에게 별 의미 없이 지나가는 말로 들렸더라도, 관계가 형성되고 나서는 더욱 의미 있게 와닿게 된다. 그 결과 비장애학생의 인식과 태도가 변화한다. 특수교사로서 장애학생을 잘 가르치는 것도 중요하지만, 협력교수를 통해 비장애학생에게 좋은 영향을 주는 것 또한 아주 가치 있는 일이다. 비장애학생은 나중에 커서 많은 장애인의 삶에 영향을 끼치므로 협력교수를 통한 비장애학생과의 만남이 중요하지 않을 수 없다.

나는 비장애학생에게 장애와 관련된 이야기를 할 때 그 학생들의 부모를 염두에 둘 때가 많다. 초등학교 저학년에게는 장애 관련 영화를 부모와 함께 보라는 과제를 내주어 장애이해교육을 받지 않은 부모 세대가 자녀와 함께 인식이 변화하기를 기대한다. 가끔은 비장애학생에게 수업 중에 들은 이야기를 부모에게 전하고 부모의 반응을 써오라는 과제를 내기도 하는데 좋은 효과가 있었다. 어리기만 하다고 생각한 자신의 자녀가 장애친구에 대해 이야기를 하는 것에 감동하지 않는 부모가 있겠는가? 학생들 또한 그냥 듣고 지나칠 수 있었던 이야기를 부모에게 전달함으로써 자신의 이야기로 깊이 자리 잡게 하는 효과가 있었다.

초등학생만 20년 정도 가르치던 내가 잠시 중학교로 자리를 옮긴 적이 있다. 갑자기 중학생과 협력교수로 수업을 하려니 걱정이 많이 되었다. '김정은도 대한민국 중2가 무서워서 남침을 못한다'는 말이 유행하던 때였다. 중학생을 잘 가르치려면 뭔가 새로운 콘텐츠가 있어야 할 것 같았다. 서울대학교 행복심리연구소에서 '행복수업' 연수를 받기로 결심했다. 기초 연수와 심화 연수까지 받아가면서 수업을 준비해서 '행복수업'으로 협력교수를 진행했다. 배우면서 준비해야 했기에 적잖은 노력이 필요했지만, 비장애학생과 행복에 대하여 이야기하면서 장애학생의 행복도 함께 바라볼 수 있어서 좋았다.

한 해가 끝날 즈음 비장애학생에게 한 장의 카드를 받았다.

"그동안 선생님과 수업하면서 행복에 대해, 그리고 저 자신에 대해 많이 알게 되었어요. 감사합니다. 앞으로 어디 있든지 행복하게 살겠습니다. 선생님도 언제나 건강하시고 행복하세요."

그동안의 어려움을 잊기에 충분했다. 이렇게 우리는 서로에게 의미 있는 존재가 되었다.

자신감을 갖는 장애학생

협력교수는 특히 교사의 손길이 많이 필요한 과학 실험, 실과, 만들기 등의 수업에서 빛을 발한다. 교사가 둘이기 때문에 보충 설명이 필요한 학생이나 더 심화된 내용을 알고 싶은 학생 모두에게 도움이 된다. 자연히 학생의 수업 태도와 수업 참여도가 좋아진다.

특히 장애학생의 경우에는 특수교사와 함께 있어서 수업 중에 도전행동이 현저하게 줄어든다. 그 결과 비장애또래에게 보이는 이

미지가 좋아지고 학습 성취도가 높아진다. 또한 특수교사는 협력교수를 통해 비장애학생의 관심사나 좋아하는 놀이, 학급 규칙 등 다양한 정보를 얻을 수 있는데, 이렇게 얻은 정보는 장애학생 교육에 아주 유용하다. 장애학생에게 비장애학생들이 좋아하는 놀이를 가르쳐서 또래 관계를 좋게 할 수 있고, 학급의 규칙을 잘 지킬 수 있도록 개별적으로 집중적인 교육을 할 수 있기 때문이다.

장애학생을 위해서는 특수학급의 수업과 일반학급의 수업이 연계될 필요성이 있다. 특수학급의 수업은 일반학급 수업을 보완하거나 대체하기도 하기에 최대한 연결될 수 있도록 노력한다. 그래서 나는 일반학급에서 진행할 협력교수 수업 내용을 특수학급에서 먼저 가르치기도 한다. 일종의 예습이라고 할 수도 있고, 반복을 통한 완전 학습의 기회를 제공하는 것이라고 할 수도 있다. 이런 경우 장애학생은 자신은 못할 것이라는 무기력이 감소하고, 수업에 대한 흥미가 높아진다. 수학이나 사회 시간에 수업 내용이 너무 어려워서 멍하게 보내던 시간이 줄어든다. 특수교사와 먼저 공부했던 내용이므로 친구들 앞에서 발표도 할 수 있다. 이 기회를 통해 장애학생이 자신감을 얻고 자존감도 높아지는 걸 많이 볼 수 있었다.

《마당을 나온 암탉》이라는 책으로 문학 수업을 협력교수로 한 적이 있다. 읽기 이해력이 낮은 수연이를 위해서 먼저 특수학급에서

책을 읽고 질문에 답하기 수업을 했다. 그런 다음 일반학급에서 '그림 카드를 이용해 책의 줄거리 요약하기'를 협력교수로 진행했다. 모둠원끼리 협동학습으로 활동하도록 했는데, 반 친구들이 모두 헷갈려 하는 특정 장면에서 수연이가 정답을 제시했다. 반 친구들은 무척 놀라워했고, 수연이는 우쭐해하면서 나를 쳐다봤다. 그 후로 수연이는 특수학급 수업도 더 열심히 하고, 틀린 답일지라도 친구들 앞에서 자신 있게 대답하곤 했다.

어렵지만 가야 할 길

최근 몇 년 동안 협력교수에 대해 강의해달라는 의뢰를 정말 많이 받았다. 지금 내가 근무하는 학교에서 협력교수를 무려 15년 이상 실천해오고 있기 때문이기도 하지만, 그보다 더 큰 이유가 있다. 특수교사와 일반교사의 통합교육 협력모형 개발을 위해 2018년부터 교육부에서 '정다운학교'를 시범 운영하고 확대한다는 〈특수교육 발전 5개년 계획〉을 발표하여 진행 중이기 때문이다. 교육과정 운영의 내실화를 위해 특수교사와 일반교사의 협력모형을 개발한다면 협력교수에 관심을 가질 수밖에 없다.

협력교수가 일반교사와 특수교사, 비장애학생과 장애학생 모두에게 효과적인 교수 방법이라는 연구 결과는 20여 년 전부터 꾸준히 발표되어왔다. 하지만 교육 현장에서 실제로 적용하는 사례는 많지 않았다. 필요성과 중요성에 대해서는 모두가 동의하지만, 현장에 적용하는 데 어려움이 있었다. 우선 두 교사가 역할 분담을 해야 하는데, 이를 위해서는 신뢰 관계와 팀워크 형성을 위한 시간이 필요하다. 또 수업을 계획하고 준비할 시간과 노력이 필요한데, 교사의 업무가 과중해서 협의를 위한 시간을 따로 확보하기가 어렵다.

그러나 지금 시점에서 장애학생이 일반학급에 물리적으로 통합된 그 이상으로 사회·정서적 통합과 교육과정적 통합이 이루어지기 위해서는 협력교수가 필수적이라고 생각한다. 지난 25년간 나의 경험을 돌아볼 때, 장애학생과 비장애학생이 스스럼없이 어울리고 통합학급에 소속감을 갖고 학습에 잘 참여하도록 이끄는 데 협력교수만큼 효과적인 방법은 없었다. 통합교육을 성공적으로 실현하는 가장 좋은 방법이라고 자신 있게 말할 수 있다. 경험해보지 않고는 이해시킬 수 없다는 것이 아쉬울 따름이다.

물론 처음 시작할 때는 부담과 어려움이 크다. 그래서 쉬운 방법으로 시작해보라고 권하고 싶다. 가장 자신 있게 가르칠 수 있는 과목이나 가장 좋아하는 교과 내용으로 협력교수를 시작한다면 크게 부담스럽지 않을 것이다. 또 수업 내용이 한 명의 교사가 가르칠 때보다 두 명이 함께 가르칠 때 더 효율적인 것이라면 좀 더 만족스러울 수 있다.

협력교수로 수업을 해 본 경험이 없는 교사는 준비 및 진행에 대한 훈련이 부족할 뿐 아니라 협력교수의 실제 사례를 보는 기회도 거의 없었을 것이다. 과중한 업무 가운데 새로운 교수 방법을 또 시도하는 데는 많은 어려움이 따를 수밖에 없다. 지금 당장은 교실에 바로 적용할 수 있는 좀 더 구체적인 방법을 찾는 것이 훨씬 효과적이라고 생각한다. 이런 이유로 지난 15년 동안 여러 일반교사와 협력교수를 진행하면서 산전수전 다 겪은 내 경험을 언젠가는 꼭 정리해서 발표하고 싶은 마음이다.

그때도, 지금도 협력교수는 어렵다

우리 학교에서 협력교수를 본격적으로 시작한 건 2005년부터 이다. 그 전에도 장애이해교육 등을 특수교사가 주도하고, 일반교사가 보조하는 형태로 수업하는 등 다양한 방법을 적용하고 있었다. 통합교육을 위한 더 좋은 방법을 찾아가는 과정에서 협력교수라는 답을 찾았고, 특수교사의 동의하에 모든 학급에서 의무적으로 실시할 수 있었다.

이 결정을 내린 뒤로 우리 학교에 발령받고 오는 신규 교사에게는 선택의 여지없이 협력교수를 하도록 강요하기도 했다. 당시 통합교육팀장이었던 내가 좀 무식하게 밀어붙인 측면이 분명 있었다. 하지만 지금 생각해도 가장 잘한 일이라고 생각한다. 그렇게 하지 않고서는 협력교수를 할 수 없었을지도 모른다.

처음에 교사들은 협력교수를 무척 어려워했다. 하지만 1-2년 정도 지나자 신기하게도 모두가 그 매력에 빠져드는 걸 볼 수 있었다. 그러나 7년째에 접어들면서 몇몇 교사 사이에서 회의적인 목소리가 나오기 시작했다. '수업 준비에 기울이는 노력과 시간에 비해 과연 수업이 효과적인가?' '그 시간에 장애학생에게 개별적으로 하나라도 더 가르치는 게 낫지 않을까?' '일반교사도, 특수교사도 협력교수에 대한 부담이 크다' 등등 이유가 다양했다. 힘들다는 교사들의 하소연이 끊임없이 이어졌다.

나 또한 협력교수를 하면서 당황스럽고 힘들었던 경험이 있기에 그 마음을 충분히 이해할 수 있었다. 두 사람이 협력한다는 건 정확한 책임과 역할 분담이 이루어지지 않으면 어느 한 사람에게 전부 책임이 돌아가게 된다. 역할 분담을 잘 하더라도 협력교수를 필요로 하는 특수교사에게 더 많은 역할을 기대하는 경향이 있다. 특수교사로서는 부담이 과중될 수밖에 없다. 일반교사 입장에서도 본인 혼자 수업을 하면 쉬울 텐데 특수교사와 함께하려고 하니 힘들수 있다. 수업 내용도 마음에 들지 않을 때가 많을 것이다. 그러다 보니 아예 특수교사에게 협력교수 수업에 대한 책임을 넘기기도 한다. 서로 의견을 정확하게 제시하고 함께 조율해야 하는데, 실제로 그렇게 하는 것이 쉽지 않고 각자 다른 생각을 하고 있는 경우가 많다.

이대로 밀고 나가는 건 무리라는 생각이 들었다. 원점에서 다시 시작해야 했다. 2012년 특수교사와 일반교사를 대상으로 설문조사를 실시했다. '협력교수는 왜 하는가?' '좋은 점은 무엇인가?' '어려운 점은 무엇인가?' '어떻게 하면 좋을까?'…. 결과는 기대 이상으로 긍정적이었다. 힘들기는 해도 필요하다는 게 공통적인 의견이었다. 회의적인 반응을 보이던 몇몇 교사도 결과에 더 놀라며 새롭게 힘을 얻었다. 위기가 기회로 변하는 걸 경험한 시간이었다.

설문조사 결과를 바탕으로 협력교수를 위한 교사연수를 진행했다. 2인 3각 경기로 몸풀기를 하면서 협력교수는 결코 쉽지 않다는 생각을 공유했다. 협력교수가 잘되고 있는 학년의 사례를 공유하고, '싼 집 찾다가 열 받아서 내가 차린 집'이라는 핸드폰 가게 이름을 패러디하며 연수를 했던 기억이 난다. 보고 따라 할 만한 협력교수의 좋은 모델을 찾을 수 없어서 우리 학교가 좋은 모델이 되기로 결심했다. 그리고 우리는 지금도 협력교수를 계속 진행하고 있다.

협력교수를 15년 이상 진행해왔지만, 아직도 그 진정한 의미를 정확히 공감하지 못하고 본인 나름대로 해석하는 교사들이 있다. 나는 나와 다른 생각을 하는 일반교사를 만나게 되더라도 특수교사가 일반학급에서 장애학생과 비장애학생을 만나는 게 필요하다고 생각한다. 일반교사가 협력교수에 대해 오해할 때는 아예 내가 협력교수 시간에 그 교과목의 전담교사가 되어버리기도 한다. 나는 그렇게 해서라도 협력교수를 하고 있다. 분명 모두가 협력교수의 효과성과 필요성을 이해하고, 그 방법을 다시 정비할 날이 올 것이라고 생각한다.

효과적인 협력교수 방법을 찾다

협력교수를 먼저 하겠다고 생각한 사람은 최대한 파트너 교사의 의견에 집중하는 것이 효과적이다. 파트너 교사가 원하는 과목으로 정하고, 파트너 교사가 관심을 가지고 있는 주제를 선택해야 한다. 파트너가 지치지 않고 끝까지 함께 할 수 있도록 하기 위한 배려이자 나를 위한 방법이기도 하기 때문이다.

우선 두 교사가 함께 협력교수로 수업할 시간을 정한다. 매주

해도 좋고, 격주로 해도 좋다. 기간이나 횟수를 정해놓고 할 수도 있다. 협력교수 수업은 10회 이상 진행해야 확실하게 효과를 느낄 수 있어서 좋지만, 그게 어렵다면 가능한 만큼 정하면 된다. 어떤 과목으로 하는지는 중요하지 않다. 어느 과목이든 장단점은 있게 마련이다. 일단 파트너 교사에게 어떤 필요가 있는지 물어보는 것이 좋다. 파트너 교사가 원하는 과목이면 더 효과적일 수 있다.

나는 지난 15년 동안 수학, 도덕, 실과, 국어, 슬기로운 생활, 과학 등 정말 다양한 과목으로 협력교수를 진행했는데, 각 과목마다 장점이 있었다. 학생들이 어려워하는 수학은 학생 수준별로 심화나 보충을 할 수 있어서 좋았다. 도덕은 더불어 사는 세상에 대한 이야기를 자연스럽게 할 수 있어서 좋았다. 실과는 실습이 많아서 준비할 것이 많고 학생을 세심하게 챙겨야 하는데, 두 교사가 함께 진행하면 학생 관리가 용이하여 교사에게 많은 도움이 되었다.

여러 교과목 중에서 내가 선호하는 과목은 분명히 있다. 그렇지만 나는 내가 원하는 과목보다는 파트너 교사가 원하는 과목으로 결정한다. 협력교수는 나 혼자 하는 것이 아니므로 파트너 교사의 의견을 존중해야 한다. 그래야 협력교수를 준비하고 진행하는 과정이 활기 있다. 무엇보다 파트너 교사의 부담감을 조금이나마 덜어줄 수 있다. 어려운 내용이나 관심 없는 분야로 정하면 준비할 때 즐거울 수가 없다. 협력교수 자체가 준비하는 데 시간과 노력이 많이 들고, 역할과 책임을 서로 조율해야 하므로 부담이 되기 때문이다. 하나를 받으면 하나를 주는 건 기본 예의이다. 협력교수를 원한 건 나이므로, 파트너 교사의 필요를 살피는 것이 중요하다. 그래야 서로가 더 열심히 하고 어려운 일이 있어도 함께 헤쳐 나갈 수 있다.

장애이해교육을 협력교수로 진행하기

우리나라에서는 모든 학교에서 연 2회 이상 장애이해교육을 의무적으로 실시하도록 하고 있다. 장애학생의 인권을 보호하고 비장애학생에 대한 인성 교육을 강화하는 방향으로 장애이해교육이 한 차원 더 발전하고 있다. 그러나 현재 대부분의 학교에서는 장애이해교육을 특수교사가 일반학급에 들어가 수업하는 방식으로 진행한다. 나는 이 장애이해교육 수업을 협력교수로 진행할 것을 제안한다.

　　우선 장애이해교육이라는 이 중요한 수업은 전문가인 특수교사가 하는 것이 마땅해 보인다. 그런데 여기에는 함정이 있다. 특수교사는 장애이해교육 자체에 대해서는 전문가일지 모르나, 일반학급의 비장애학생에게는 '우리 선생님'으로 다가오지 않는다. 아무리 좋은 수업을 잘 가르친다고 해도 학생의 마음에 연결되기가 쉽지 않다. 특히 인성과 관련하여 좋은 영향력을 미치려면 '관계'가 중요한데, 비장애학생과 특수교사는 사실상 친밀감이 형성되어있지 않다. 그러니 내용이 유익하고 좋아도 학생들은 잘 새겨듣지 않는다. 듣더라도 그 영향력이 오래 가지 못한다.

반면 통합학급의 담임교사가 수업을 진행하면 영향력이 더 강하다. 특히 중학교 이전의 어린 학생에게는 담임교사의 이야기가 훨씬 영향력이 있다. 자주 만나지 않던 특수교사가 장애에 대해 이야기하는 것은 상투적으로 보일 수 있다. 결국 장애이해교육을 담임교사가 진행할 때 더 나은 효과를 얻는다. 그러므로 전문성을 내세워 특수교사가 교육하는 것보다 실질적인 효과를 더 고려하여 담임교사가 진행하는 것이 더 좋을 수밖에 없다.

그런데 특수교육을 전공하지 않은 일반교사가 장애이해교육을 하기에는 또 무리가 있다. 이래도 저래도 문제라면 어떻게 해야 할까? 간단하다. 합치면 된다. 협력교수로 장애이해교육을 진행하면 된다. 수업 계획과 내용을 특수교사가 준비하고, 여기에 학급의 특수 상황을 고려한 일반교사의 조언이 더해지면 수업의 질이 훨씬 높아질 것이다. 또한 일반교사가 학생들 앞에서 자신 있게 수업을 진행하려면 장애이해 내용을 더 집중해서 숙지해야 하므로, 자연히 일반교사도 장애이해가 깊어진다. 게다가 학생들 입장에서 보면 같은 내용도 담임선생님을 통해 듣게 되므로 지속적으로 영향을 받게 된다. 특히 특수교사가 장애이해교육을 하면 '특수교사가 데려온 자식 좀 잘해주라'는 식으로 식상하게 들릴 수 있는 우려를 해소할 수 있다. 담임교사의 수업으로 '우리 반, 앞으로 이렇게 해 보자.' 하고 방향을 제안하기 때문이다. 그야말로 두 마리, 아니 그 이상의 토끼를 잡을 수 있는 것이 장애이해교육과 협력교수의 하모니다.

협력교수는 일반교사와 특수교사가 서로의 교육적 전문성을 배울 수 있기 때문에 교사의 성장에도 도움이 된다. 대부분 교사들은 혼자 수업을 하기 때문에 발전이 느릴 수 있다. 그러나 협력교수를 통해 두 교사의 힘이 합쳐지고 각자의 능력을 주고 받게 되면서 새로운 것을 배우게 된다. 특히 요즘은 교사들도 부전공이나 복수전공을 많이 하는 만큼 활용할 수 있는 분야는 더없이 넓어질 것이다. 각자의 전문성을 극대화한다면, 학생과 교사 모두가 즐기면서 협력도 하고 실력도 쌓으면서 성숙해지는 기회를 갖게 될 것이다.

통합교육의 최종 목표는 장애학생이

우리 사회에서 잘 통합되어 살아가는 것이다.

학교에서 먼저 통합교육이 잘 이루어지면

그 후에 사회로 자연스럽게 연결되어야 한다.

이것이 바로 학교가 통합교육이라는 변화 위에서

고군분투하는 이유이다.

3장

통합교육 열매 맺기

: 사회에서

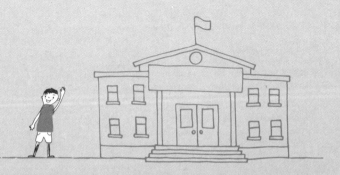

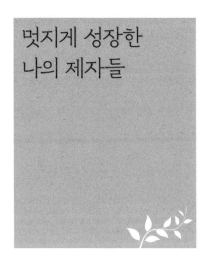

멋지게 성장한
나의 제자들

대부분의 특수교사는 일반교사가 생각하는 제자들과의 애틋한 인연에 대한 로망이 별로 없다. 스승의 날에 제자가 찾아와 감사 인사를 하거나, 가끔 불쑥 찾아와 살아가는 이야기를 나누는 장면이 자신의 인생에 펼쳐질 거라고 상상하지 못한다. 어쩌다가 그런 일이 한두 번 정도 있을 수는 있지만, 제자와 지속적인 만남과 교류가 있을 거라고 기대하지는 못한다.

그럼에도 나에게는 아주 특별한 제자가 몇몇 있다. 생각해보면 더없이 고마우면서도 한편으로는 더 잘해주지 못해 미안한 마음이 드는 제자들이다. 진호, 연호, 태호와 그 또래들···. 그러고 보니 1990년대에는 유독 '호' 자가 들어가는 이름이 많았던 것 같다.

특수교사에게도 제자가 있다

세계장애인수영선수권대회에서 금메달을 획득하고 방송에 출연해 잘 알려진 진호는 첫 교직 생활에서 만난 제자이다. 어설프고 서툴기만 했던 시절, 첫 제자라는 생각에 마음이 설레고 기대도 많이 했지만, 자폐성 장애에 대한 경험이 별로 없던 나는 온갖 시행착오를 겪어야 했다. 진호는 나의 부족함을 무색하게 할 정도로 멋진 수영 선수로 자랐다. 지금은 은퇴하여 부산에서 어머니와 함께 식당을 운영하며, 가끔씩 내게 전화를 걸어 사는 이야기를 들려주곤 한다. 아직도 나에겐 고맙기도 하고 미안하기도 한 제자다.

나는 경기도 수원 광교에 있는 갤러리 카페 '숨'을 좋아한다. 그 윽한 커피향보다 더 좋은 것은 카페 안에 전시된 그림이다. 큰 도화지에 마커로 그린 수십 마리의 홍학, 알록달록 물고기들, 비슷하지만 저마다 표정이 다른 시장 사람들, 크고 작은 동물 그림들…. 그중에서 내가 가장 좋아하는 그림은 바구니에 가득 담긴 국화꽃이다. 이 모든 게 30대 중반의 제자 태호의 그림이다.

처음 만났을 때 초등학교 6학년이던 태호는 지금 전문 화가로 활동 중이다. 엄마가 운영하는 가게 뒤편에서 마커를 이용해서 그린 태호의 그림은 독특한 구도와 밝은 색감으로 사랑을 받고 있다.

특수교육에 지치고 힘겨운 날, 갤러리 카페를 찾아가면 태호가 "송명숙 선생님~" 하며 느긋하고 차분한 말투로 눈 꼬리와 입가에 미소를 머금고 나를 불러준다. 그림 그리는 태호의 뒷모습을 보니 태호의 어릴 적 모습이 생각난다. 그때 태호는 이리 뛰고 저리 뛰어서 다치는 일이 많았다. 태호가 자리에 잘 앉아있기라도 하면 좋겠다는 생각에 미술 선생님에게 그림을 좀 가르쳐달라고 부탁했었다. 미술 선생님 앞에 앉아 그림 그리는 태호의 사진 한 장을 찾아냈다. 괜히 좀 미안한 생각이 들었다. 이렇게 멋지게 성장할 아이들의 미래를 조금도 상상하지 못하고 가르쳤다는 생각 때문이다.

특수교사에게도 제자가 있다! 연락이 닿지 않고 서로 소식을 전하지 못하고 있어도 분명 각자 자신의 자리를 지키고 있다.

제자들과의 특별한 데이트

카톡 메시지 알림이 떴다.

'선생님, 내일 모임 몇 시 할 거야?'

동창 모임에 참석해야 하는데 시간을 묻는 지희의 메시지다. 전시장에서 근무하는 지희는 선생님이라면 뭐든 알 거라는 생각으로 나에게 이런 메시지를 보낸 것 같다. 종종 자신의 일상을 알려주는 지희가 고맙다.

나와 가장 많이 연락하는 제자는 주영이다. 주영이는 6학년 때 갔던 제주도 졸업여행, 그날의 추억을 잊지 못하고 있다. 교사와 아이들이 함께 어울리며 같이 잠도 자고 즐겁게 놀았던 그 일이 주영이에게는 더없이 소중한 인생의 한순간이었나 보다.

"송명숙 쌤! 제주도 가요. 아이스크림 먹어요."

우도에 가서 땅콩 아이스크림을 먹었던 사소한 기억이 주영이에게는 여전히 환상적인 낭만으로 남아있나 보다. 이미 7년 전의 일인데도, 주영이는 며칠 전에 경험한 일을 이야기하는 것처럼 신난 표정이다.

사실 땅콩 아이스크림을 먹었던 그날, 나는 별로 즐겁지 않았다. 주영이에게도 많이 힘겨운 날이었다. 체력이 약한 주영이는 한여름 뜨거운 햇볕과 후덥덥한 습도에 지쳐있었다. 걸음이 느린 주영이를 데리고 다니며 절경을 조금이라도 더 보여주려면 나 역시 더위 아래서 오랜 시간을 버텨야 했다. 단지 우도의 대표적 작물이 땅콩임을 알려주려고 땅콩 아이스크림을 먹은 것일 뿐이다. 나는 땅콩 아이스크림을 개인적으로 좋아하지 않는다. 그런데 주영이는 그날 먹었던 땅콩 아이스크림을 아직도 이야기하고 있다.

"송명숙 쌤, 우리 집에 와요. 하룻밤 같이 자요."

주영이의 전화와 문자는 시와 때를 가리지 않는다. 주말 저녁에 엄마가 다른 일로 바쁜 시간에 주영이는 엄마의 핸드폰으로 수시로 내게 전화를 한다. 우리 가족은 전화벨이 울리면 나를 놀린다.

"아들보다 더 자주 전화하는 주영이가 있어서 좋지?"

예상치 못한 순간에 온 연락이 나의 마음을 치유해줄 때도 있다. 내가 힘들고 지쳐있는 시간, 나를 잘 아는 지인들은 배려하는 차원에서 차마 연락을 못하는데, 주영이는 고민 없이 내 마음의 문을 두드리니, 완벽한 타이밍에 온 문자 한 통으로 오히려 내가 위로를 얻는다.

한 번은 또 다른 제자에게서 이런 문자가 왔다.

"쌤, 내일 모레 우리 점심 같이 먹어요."

다문화센터 카페에서 일하는 용준이는 이제 약속을 잡는 것도 능숙하다. 내가 나서서 장소를 제안하지 않아도 된다.

"쌤, 순천회관에서 만나요."

심지어 점심 값도 자신이 내겠단다. 그런 건 또 어디서 배웠는지…. 어느새 용준이는 멋진 성인이 되어 있었다.

"아니야. 선생님이 사줄게."

그러면 또 사양하지 않고 감사하게 받는다. 베푼 호의는 깔끔하게 받을 정도로 쿨한 매력까지 갖추었다. 그러면서도 대접하려고 했던 본래의 계획은 어떻게 해서든 실행하려고 한다.

"그럼 커피는 제가 살게요."

스승에게 대접하고 싶은 마음에 얻어먹지만은 않겠다는 에티켓이 더해진 반응…. 그동안 비장애인들과 어울려 살면서 자연스럽게 사회성을 배운 것이다. 누군가로부터 대접을 받으면 자신도 대접하는 예의를 갖추었다. 그런 예쁜 마음으로 다른 사람과 잘 어울려 살아가는 용준이의 멋진 모습을 보고 그날 나는 무척 기분이 좋았다.

제자들과 기분 좋은 만남을 갖다 보면 몇 가지를 다시 생각하게 된다.

'마냥 어려 보이기만 했던 아이들이 어느새 한 명의 사회인으로 성장하고 있구나!'

'나이 차이가 많아도 제자들과 친구가 될 수 있구나.'

장애가 있는 제자와 친구가 되는 건 정말 매력적인 일이다. 가르칠 땐 힘들었지만, 성인이 된 제자는 나에게 기쁨과 즐거움을 주기에 충분하다. 나이 차이가 많이 나는 제자와 친구가 되는 일은 언뜻 쉽지 않은 일처럼 느껴지지만, 일단 경험하기 시작하면 새로운 관계에 점차 익숙해진다. 그리고 그 경험은 생각보다 나를 행복하게 해준다. 오늘도 하트를 뿅뿅 날리는 주영이의 카톡을 기대하며 하루를 보내는 나는 제자들이 있어서 행복하다.

가슴을 뛰게 하는 한마디

초등학교 특수교사인 내가 몇 년간 중학교에서 근무한 적이 있었다. 그때 중학교 전교생을 데리고 강릉 바우길을 걷는 프로그램을 진행한 적이 있는데, 이틀을 꼬박 걸었더니 대관령과 오죽헌의 아름다운 경치가 하나도 눈에 들어오지 않았다. 하지만 숙소에 들어가서 쉬기보다는 계속 걷고 싶은 마음도 있었다. 숙소에 들어가면 더 큰일이 기다리고 있기 때문이다. 장애학생을 씻기고, 옷을 갈아입히고, 잠잘 준비를 해줘야 한다. 비장애학생은 집에서는 스스로 하지 않더라도 캠프에 오면 혼자 열심히 한다. 하지만 장애학생은 스스로 하는 경험이 부족해서 혼자 못하는 경우가 많다. 장애인의 독립적인 생활을 위해서는 어릴 때부터 꾸준히 가르쳐야 하지만, 부모들이 아직 어리다는 생각에 대신해줘서 대부분이 스스로 잘하지 못한다.

숙소에서 챙겨야 하는 일이 걷기보다 더 어려울 때가 있다. 밖에서는 긴장하고 원더우먼처럼 움직일 수 있지만, 숙소에 들어가면 게으른 나는 꼼짝하기도 싫어지기 때문이다. 하지만 그날 밤 나와 한방에서 자야 하는 예은이부터 챙겨야했다. 다른 장애학생들의 경우에는 크게 우려할 만한 상황이 없다면 대개는 좋은 추억을 쌓을 수 있도록 친구들과 한방에서 자게 한다. 그러나 예은이는 밤에 자다가 간질 발작을 일으킬 위험이 있고, 간혹 소변 실수를 할 수도 있어서 내 방에서 같이 자기로 했다.

하루 종일 걸어서 땀에 젖은 옷을 벗기고 예은이를 욕실로 먼저 들여보냈다. 샤워기를 틀어주고 먼저 씻고 있으라고 했다. 예은이가 씻고 나와서 갈아입을 잠옷을 준비해두고 욕실로 들어가서 씻겨주었다. 어느새 나는 녹초가 되었는데, 예은이 머리까지 감겨줘야 했다. 그때 청량제와도 같은 예은이의 말 한마디가 나의 피로를 모두 녹여버렸다.

"머리 감아서 좋아요."

"선생님, 고마워요."

그 순간 힘들었던 그날의 기억이 모두 사라져버렸다.

'그래, 바로 이거구나…'

시키지도 않았는데 고마움을 전하는 예은이를 보며 많은 생각이 들었다. 사실 그동안 '이럴 땐 고맙다고 말해야 하는 거야'라고 수십 번도 더 가르쳤지만 잘 지켜지지 않았다. 그런데 어느 순간부터 누군가 자신을 도와주는 상황에서 예은이는 스스로 고마움을 표기하기 시작했다. 그간의 교육이 결코 헛되지 않았던 것이다.

장애학생은 배우는 게 조금 느릴 수 있다. 아니, 아주 많이 느릴 때도 있다. 내가 원하는 대답, 내가 바라는 반응이 당장 나올 수는 없다. 하지만 기다리고 또 기다리면 언젠가는 나타나게 되어있다.

심은 씨앗은 반드시 열매를 맺게 되어 있으니까! 그 열매는 결정적인 순간에 지쳐있는 교사를 소생시킬 귀한 에너지로 전환된다.

졸업한 지 8년이 된 용준이는 학창 시절에서 어떤 일을 기억하는지 궁금해서 물어보았다.

"학교 다닐 때 선생님이랑 뭐 했던 게 가장 기억에 남아?"

"공부했던 거요!"

"으응?"

예상치 못한 대답에 깜짝 놀랐다. 신기했다. 장애학생이든 비장애학생이든 '공부한 것'을 학창 시절의 즐거운 추억으로 떠올리는 경우는 많지 않다. 그런데 용준이는 당당하게 '공부하던 것'을 최고의 순간으로 꼽고 있었다. 문득 이유가 궁금해졌다.

"왜?"

"선생님이 칭찬해줬잖아요."

그 외에 다른 이유는 없었다. 아무래도 용준이는 진심이 담긴 내 칭찬 한 마디에 진심으로 감동했던 모양이다. 그리고 그 순간을 학창 시절의 명장면으로 꼽고 있었다. 그제야 나도 잊고 있었던 그때의 상황이 생각났다.

처음 만났을 때 초등학교 5학년이었던 용준이는 언어장애와 지적장애가 있었다. 발음이 부정확했고 자존감이 낮았다. 교실에서 별로 말이 없었으며, '예' '아니오'라는 대답만 했다. 대신 집에 가서는 친구들에게 문자를 많이 보내고 받았다.

나는 '오프라인보다 온라인에 강한 용준'를 위해 온라인으로라도 친구나 교사와 의사소통을 더 잘하도록 하기 위한 교육 목표를 세웠다. 일기 형식으로 경험한 일을 쓰고, 거기에 자신의 생각이나 느낌을 꼭 한 가지씩 쓰도록 했다. 발음 때문에 말하기보다 쓰는 것이 부담이 없었는지 용준이의 결과물은 항상 좋았다. 그래서 당연히 칭찬을 많이 해주었는데, 용준이는 그게 좋았나 보다.

참으로 다행이었고 고마웠다. 말 한마디가 그토록 소중하게 다가갈 수 있다는 건 너무나 당연한 상식이지만, 그 순간만큼은 그 사실이 새삼스럽게 다가왔다. 과거에 내가 했던 칭찬 한마디가 용준이의 마음을 울렸다면, 그때 그 순간에는 용준이가 한 말 한마디가 내 가슴을 뛰게 했다.

장애학생은 의사소통이 느리고 자기표현이 서투르지만 각자 느끼고 생각하는 것은 비장애인과 다름없다. 아니, 오히려 사람의 마음을 더 깊이 꿰뚫어 보는 눈이 있어서 진심을 살피고 있는지도 모른다. 진심은 통하는 법! 감사하게도 나는 주영이와 용준이의 마음을 들을 수 있었다. 분명하게 표현하지 못하는 다른 제자들도 교사들의 진심을 결코 모르지 않는다고 나는 확신한다.

성인 그 이후의 삶 준비하기

나이가 가장 많은 제자 승윤이는 지금 30대 중후반을 지나고 있다. 행동이 느리지만 학교 매점 카운터에서 주문을 받는 일을 했다.

어느 날 점심을 먼저 먹은 승윤이가 내 식탁 앞에 물 한 컵을 떠다 놓고 갔다. 그 물 한 컵으로 나는 그날 물을 마시지 않아도 목마르지 않았다.

학교 매점 일을 그만둔 승윤이는 그 후로 가끔 문자를 보낸다.

"송명숙 선생님, 건강하세요. 2033년에 만나러 가도 돼죠?"

"그럼, 당연히 와도 되지!"

"새해 복 많이 받으십시오. 2054년에 갈게요."

내 삶에 다가올 것 같지 않은 먼 미래를 말하는 승윤이의 문자 메시지를 보면서 꼭 만나자고 약속해본다. 1996년에 초보 특수교사였던 나는 25년 후의 지금을 상상하지 못했지만, 승윤이는 30년 후, 50년 후도 결국 올 것을 깨달았나 보다.

청각장애가 있는 형인이는 미국에 가서 그림을 공부하고 왔다. 얼마 전에는 《클라라와 몬스터》라는 그림책을 출간했다. 청각장애를 이해할 수 있도록 돕는 세 권의 동화책을 들고 온 형인이는 어릴 때 인공와우 수술을 해서 대화를 나누는 데는 큰 어려움이 없지만, 취업을 하는 데는 아직 많은 편견에 부딪치고 있는 듯했다.

　멋지게 자기 자리를 만들며 살아가는 30대의 제자들. 나는 그 제자들이 초등학생일 때 이렇게 멋지게 성장한 오늘을 상상도 하지 못하며 가르쳤다. 마냥 어린아이로 보고 당장 부대끼는 문제에만 연연했다. 교실에서 소리 지르면 안 된다, 교과서를 읽고 문제를 풀어라, 나눗셈을 할 때는 구구단을 외우면서 해라, 과학 실험을 잘 따라 해라‥, 이런 일에 급급해서 아이의 미래는 생각해보지 못했다. 시간이 오래 걸리는 만큼 멀리 보고 차근차근 계획을 세워 가르쳐야 했는데 말이다.

　장애학생의 개별화교육계획을 세울 때는 역행설계(Backward planning)가 필요하다. 미래의 장기적인 모습을 생각해서 목표를 설정하고, 그러기 위해 오늘 무엇을 해야 할지 하나씩 계획을 세우는 것이다. 무엇보다 중요한 것은 '성인 그 이후의 삶'이다. 통합교육은 아동기와 청소년기에 이루어지므로 자칫 눈앞의 모습에만 집중하기 쉽다. 당장 도전행동이 너무 커 보이고, 학업이 중요하게 여겨질 수밖에 없다. 그렇지만 성인이 되어서 살아갈 일을 생각하면 지금 무엇을 준비하고 무엇을 가르쳐야 할지 더 분명해진다. 독립적으로 일상생활을 할 수 있는 자조 기술과 규칙 지키기, 예의 바른 태도가 더 중요할 수도 있다. 확실한 것은 장애학생도 '성인이 된다'는 사실이다.

현재의 모습이 어떠하든지 성인이 되었을 때의 모습을 기대하며 교육해야 한다.

나는 그때 그런 눈을 갖지 못했고, 그 한 해를 어떻게 보내야 할지 그것만 생각했던 것 같다. 좀 더 멀리 보고 더 중요한 것을 그때 준비해줬어야 했던 건 아닌지… 아이들에게 괜히 미안해졌다. 성인이 되어서도 잘 살아가기 위해 필요한 준비를 어릴 때부터 차근차근 해나가는 것, 이것이 핵심 포인트이다.

어려움을 해결할 수 있는 기회 제공하기

마냥 어리기만 한 아이를 앞에 두고 미래를 상상한다는 건 막연한 기대와 희망을 갖는 것과는 다르다. 장애학생의 미래를 응원하고 격려하는 동시에 더 나은 미래를 위해 때로는 적당한 어려움도 겪을 수 있도록 기회를 주는 것이다. 장애인은 어린아이일 때는 철저한 보호 속에서 지내지만, 성인이 되었을 때 예상하지도 못한 위험에 노출되기 쉽기 때문이다. 가령 〈살인의 추억〉이나 〈7번 방의 선물〉과 같은 영화에서처럼 장애인이 억울하게 누명을 쓰는 일이 실제로 우리 사회에서 종종 있었다.

누구에게 맞으면 누가 때렸는지 정도는 말할 수 있어야 한다. 많은 발달장애인이 '누가 때렸어? 그 사람 이름이 뭐야?'라고 물으면 무조건 자기 이름을 말하곤 한다. 경계선급 지능인 사람들도 범죄에 연루되는 경우가 많다. 평균 지능인 것처럼 보이고 싶은 마음에 "그거 네가 한 짓이지?"라고 물으면 "그래, 나는 할 수 있어. 그건 내가 한 거야"라고 말하며 으스대고 싶어 하기도 한다. 요즘에는 용의자가 된 장애인이 잘못된 진술로 피해를 입지 않도록 진술조력인 제도를 운영하고 있어서 얼마나 다행인지 모른다.

성인이 되어서 억울한 일에 연루되지 않게 하려면 어린 시설부터 잘 가르쳐야 한다. 한 대 맞았다면 누가 때렸는지 정확하게 말하도록 가르치는 것이 더하기 빼기보다 훨씬 중요하다. 맞고 다니지 않아야 하고, 더 나아가서 자기방어도 할 수 있어야 한다.

하은이는 자기방어가 잘 안 되는 아이였다. 나는 일부러 수업 시간에 하은이의 손이나 팔을 툭 치거나 연필과 지우개를 뺏은 다음, 지금 무슨 일이 있었는지, 누가 때렸는지, 누가 뺏었는지 말하도록 연습시켰다. 처음에 하은이는 자기가 때렸다고 했다가 선생님이 때렸다고 하는 등 정확하게 말하지 못했다. 어릴 때 '누구' '이름'이라는 말만 들으면 자기 이름을 말하도록 연습했기 때문이다. 실제 생활에서 누가 뭘 했는지 정확하게 말할 수 있게 하는 것이 시급했다다. 그래서 상황극을 만들어서 가르치기도 했다.

이런 교육을 하게 된 건 하은이가 또래 관계에서 어려움을 겪은 뒤부터다. 하은이 엄마는 마음 아파하면서도 꾹 참고 이 훈련에 동의했다. 무조건 보호하는 것만으로는 한계가 있다는 걸 깨달았기 때문이다. 어려운 상황이 발생했을 때 적극적으로 해결 방법을 찾도록 가르치는 것이 필요하다고 느낀 것이다. 한창 자라는 나이에는 또래 관계에서 어려움을 겪는 경우가 많은데, 이때 무조건 피하지 않고 끝까지 어려움을 해결할 수 있도록 기회를 줘야 한다.

어떤 장애학생 학부모는 자녀가 비장애학생과 어울리면서 상처를 많이 받고 힘들어했다면서 도중에 특수학교로 옮기기도 한다. 자녀가 비장애학생 사이에서 괴롭힘을 받는 것이 마음이 아팠을 것이다. 특히 사춘기 때 따돌림이나 괴롭힘을 겪을 수 있다. 이때 통합교육을 포기하고 싶은 부모의 마음은 충분히 이해하고도 남는다.

그렇지만 나는 그다지 위로가 되지 않을 말로 설득하곤 한다.

"미리 다양한 상황에 대처하는 법을 알고 어떻게 해결해야 하는지 가르쳐야 해요. 작은 괴롭힘에 노출되었을 때 피하는 방법을 배워야 합니다. 그래야 힘든 상황을 모면할 기술을 배울 수 있어요."

이런 경험이 쌓여야 성인이 되었을 때 위험한 상황에서 적절하게 대응을 할 수 있다. 장애자녀를 언제까지 온실에만 둘 수 없고 결코 부모가 끝까지 데리고 살 수는 없다.

다양한 경험 제공하기

장애학생이 어려운 교과과정이나 학급 규칙을 다 이해하지 못한다고 해도 학교생활을 경험하는 것은 중요하다. 일반학교의 교육과정이 너무 어렵다고 피할 필요도 없다. 너무 어려우면 수업 목표를 수정하거나, 수업 활동과 평가 내용을 조정해서 실행하면 된다. 피타고라스의 정리를 활용하여 삼각형 빗변의 길이를 계산할 줄 몰라도 상관없고, 공식을 외우지 못해도 좋다. '피타고라스'라는 용어만 알아도 의미가 있다.

비장애인도 고등학교 때 배운 미적분을 일상에서 활용하는 일은 거의 없다. 그래도 미적분이라는 말 자체는 기억하기 때문에 미적분이라는 말을 들으면 그게 얼마나 어려웠는지 고등학교 시절을 추억할 수 있다. 살아가면서 다른 사람과 공감하는 것은 아주 중요한 일이다. 그러므로 어렵더라도 다양한 경험을 하는 것이 장애학생의 인생에 큰 도움이 된다. 바로 이것이 통합교육에서 비장애학생이 하는 경험을 장애학생이 함께해야 하는 이유이다.

뇌병변 장애가 있는 영규는 수업 시간에 친구들이 곱셈 공식과 인수분해를 배울 때 구구단을 이용해 곱셈 문제를 푼다. 시험을 치를 때는 영규의 수준에 맞게 난이도를 조절한 시험지를 따로 받는다. 시험 문제는 구구단을 외워서 곱셈을 하거나, '곱셈 공식'이나

'인수분해'와 같은 답을 쓸 수 있는지 확인하는 수준이다. 그런데도 시험을 치른 날이면 영규가 집에 와서 '수학 시험이 엄청 어려웠다'고 말한다면서 영규 엄마는 박장대소한다. 영규를 무시하는 게 아니라, 너무 대견하고 사랑스러운 마음을 감출 수 없어서 웃는 것이다. 시험 성적은 그다지 중요하지 않다. 시험이 어렵고 힘들다는 걸 알면 된다.

'나도 그거 알아! 들어봤어! 해 봤어.'

이렇게 반응할 수 있게 하는 것이 장애학생에게 기분 좋은 기억을 선물한다.

강점 키워주기

장애를 이야기할 때 가장 많이 떠오르는 단어는 '다름'과 '차이'일 것이다. 장애인 비장애인 할 것 없이 모든 사람은 다르기에 서로의 다양성을 인식하고 수용하는 것, 이것이 장애이해의 기초이다.

그러나 장애이해교육을 할 때 가장 중요한 것은 다름과 차이가 아니라 서로의 공통점을 이해하는 것이다. 장애인과 비장애인의 가장 큰 공통점은 개인차가 아주 크다는 것이다. 비장애인도 사람마다 개인차가 있듯이, 장애인도 개인차가 아주 크다. 비장애인도 잘하고 못하는 게 있듯이, 장애인도 잘하고 못하는 게 다 다르다.

나는 수공예를 좋아한다. 중학교 때부터 사탕 부케 만들기, 뜨개질, 동양 매듭을 했고, 비즈공예, 양초공예, 냅킨 아트 등 유행하는 공예는 거의 혼자 독학으로 했다. 그런 내가 음악에는 참으로 둔하다. 악기 다루기에 대한 로망이 있어서 클래식 기타 동아리에서 2년간 활동했지만 겨우 로망스의 첫 소절만 칠 수 있다. 장구도 배우고 가야금도 시도해보았지만, 나는 악기를 잘 다루지 못한다는 결론만 얻었다. 나는 손으로 하는 일 중에서 만들기에는 강하지만, 악기 다루기에는 정말 약하다.

누구나 강점과 약점이 있다. 그런데 장애가 있다는 이유로 약점만 보고 문제라고 생각한다. 약점을 치료하거나 없애려고 온 신경을 집중하기도 한다. 그래서 나는 '장애 극복'이라는 말을 싫어한다. 거기에 수많은 시간을 쏟아 붓느라 정작 강점을 놓칠 수 있기 때문이다. 오히려 강점을 집중적으로 키워야 한다. 약점은 그대로 놔둬도 된다. 강점이 약점을 덮어주고 보완할 수 있다. 약점은 살아가는 데 꼭 필요한 정도로만, 성인이 되어 스스로 살아갈 수 있을 정도로만 보완해도 된다. 대신 잘하는 것에 집중하고, 더 잘할 수 있도록 기회를 줘서 강점을 극대화해야 한다.

중학교 3학년인 서영이는 말도 잘하고 예의도 바르고 피아노며 플루트 연주도 잘한다. 다운증후군이 있지만 친구도 잘 챙기고, 학

교에서 있었던 일을 가끔은 더 보태기도 하며 아주 재미있게 이야기하곤 한다. 그런데 수학은 두 자릿수 덧셈도 잘 하지 못한다. 누군가 그 모습을 본다면 플루트를 멋지게 연주하는 서영이를 상상할 수 없을 것이다.

못하는 수학에 연연할 필요가 없다. 필요하면 계산기를 사용해서 해결하면 된다. 잘하는 것에 더 집중해서 자신감을 갖고 자존감을 높이는 게 더 중요하다. 그리고 강점을 키워줄 때는 가능하다면 진로와 연결하는 것이 좋다. 어른이 되어서도 즐겁게 할 수 있는 일이 될 수 있다.

장애가 있어도 성인이다

성인장애인과 만나는 걸 어려워하거나 불편해하는 사람을 많이 보았다. 장애가 있건 없건 어린아이는 어린아이로 대하고, 성인은 성인으로 존중해야 하는데, 유독 장애인에 대해서는 그렇게 하는 걸 어색해하는 사람이 많다.

지난해에 요리 강사에게 장애이해교육 강의를 해달라는 의뢰 받았다. 성인장애인을 대상으로 수업을 하는 강사들이었는데, 그날

참석한 강사 중 한 분이 이런 말을 했다.

"그냥 어린아이라고 생각하면 되겠죠?"

왜 그렇게 질문하는지 물었더니, 그런 마음으로 수업하면 성인 장애인을 대하는 게 조금은 더 쉬울 거라고 누군가가 알려줬다고 한다. 냉정하게 말하면 그 말은 틀렸다. 장애가 있어도 성인은 성인이다. 물론 아이라고 여기며 자세히 설명해주고, 기다려주고, 더 많이 도와주겠다고 생각할 수는 있다. 그러나 장애가 있어도 성인은 성인답게 대해야 하고, 성인으로 존중해야 한다.

어른이 된다는 것은 뭘까? 내가 어른이 되어서 가장 좋았던 건 내가 하고 싶은 것, 먹고 싶은 것, 가고 싶은 곳을 내 뜻대로 정할 수 있다는 것이었다. 어른이니까 자율성을 갖고 스스로 결정해서 할 수 있다. 그런데 사람들은 장애인을 여러 면에서 부족하다고 여기며 성인인데도 어른으로 인정하지 않는 경우가 많다. 물론 장애인은 경제적인 독립이 어렵고, 일상생활에서도 누군가의 도움을 받아야 한다. 그렇지만 비장애인 중에도 경제적으로 독립하지 못하고 일상생활도 부모의 도움을 받는 사람은 많다. 단지 그 이유로 그들을 성인으로 대접하지 않을 수 없는 것처럼, 장애인도 성인은 성인으로 대해야 한다. 그래서 나는 이렇게 대답했다.

"장애가 있어도 성인이므로 호칭(○○ 씨)을 정확히 하고 예의를 갖춰주세요. 안전과 관련된 사항과 요리의 기본 규칙을 알려준 뒤에는 스스로 선택하고 결정할 수 있게 해주세요."

더 나아가 성인장애인만 모아서 수업하지 말고 비장애인과 장애인이 함께 참여할 수 있도록 해달라고 제안했다. 굳이 장애인을 따로 분리하지 않아도 된다고 강조했다. 학교의 통합교육과 같은 맥락이다. 장애학생을 일반학급에서 비장애학생과 함께 어울릴 수 있게 하듯이, 성인장애인에게도 비장애인과 함께할 수 있는 기회를 주어야 한다. 그러면 저절로 성인장애인을 대하는 기준이 높아지고 존중하게 될 것이다. 그냥 예의 있게 대하는 차원이 아니라 장애인의 자율성과 사회 참여를 인정하는 자세를 갖게 될 것이다. 이런 시각에서 성인장애인을 대하는 올바른 방법을 찾아야 한다.

특히 요리 수업의 경우에는 요즘 좋은 기계가 많이 나와서 성인장애인을 대상으로 교육하기가 좋다. 간단한 조작 몇 가지로 밥이 되고, 좋은 재료만 분량대로 잘 넣으면 맛있는 요리가 된다. 안전 사항만 주의시키면 누구든 요리를 할 수 있다. 그러니 재료를 선택하거나 요리하는 과정은 본인이 결정하도록 기회를 줘야 한다. 성인장애인의 의사를 존중하고 스스로 결정하도록 이끌어준다면, 그 경험을 통해 책임감도 배울 수 있다.

물론 자유가 주어지는 만큼 실수를 많이 할 수밖에 없다. 설탕을 많이 넣어서 황당한 요리가 될 수도 있지만, 그 실수가 더 중요한 것을 배우는 기회가 될 것이다. 중요한 것은 멋지고 훌륭한 요리를 만드는 것이 아니라, 그 과정에서 생기는 이야기로 성인장애인의 삶이 더욱 풍성해지는 것이다.

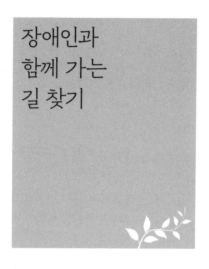

장애인과
함께 가는
길 찾기

통합교육의 궁극적인 목표는 뭘까? 장애학생이 사회에 잘 통합되어 살아가게 하는 것이다. 학교는 사회로 나아가는 시작점이다. 다양한 경험을 하며 삶의 모습 하나하나를 배워가는 곳이다. 통합교육은 목적이 아니라 과정일 뿐이다. 학교에서 통합이 먼저 이루어지고 이후에 사회로 자연스럽게 연결되게 하는 것. 바로 이것이 통합교육이 중요한 이유이다.

지금 학교는 완전한 통합을 위해 고민하며 고군분투하고 있다. 그렇다면 사회는 어떨까? 공연장이나 문화 시설, 생활체육 시설에서 장애인을 만나는 것이 아직도 조금 낯설다. 직장에서 일하는 장애인을 보기 어렵고, 지역사회에서 거주하는 장애인을 만나기 쉽지 않다. 장애를 극복했다고 하는 일부 '성공한(?) 장애인'의 이야기만 들을 수 있을 뿐, 평범한 성인장애인은 주위에서 찾아보기 어렵다. 모두들 어디에서 무엇을 하고 있을까? 또 무엇을 원하고 있을까?

분명한 것은 내가 살면서 하고 싶어 하는 것을 장애인도 똑같이 원한다는 사실이다. 친구를 만나고, 영화관에 가고, 직장에서 일하며, 통장에 들어온 월급을 확인하는 즐거움을 놓치고 싶지 않을 것이다. 나와 똑같이 일상의 소소한 행복을 누리고 싶어 할 것이다.

시설에서 오랫동안 거주하다가 지역사회로 나온 어느 장애인의 말이 아직도 귓전에 맴돈다. "시설에서 살 때는 매일 똑같은 옷을 입고, 매 끼니를 정해진 음식으로 먹고, 똑같은 TV 프로그램을 보다가, 매일 같은 시간에 잠자리에 들었다. 그런데 사회로 나온 지금은 옷도 내 마음대로 입고, 음식도 내가 원하는 걸 먹을 수 있어서 너무 행복하다."

더 이상 장애인의 삶이 시설 안에 갇히는 일은 없어야 한다. 이것은 통합교육 상황에서 장애학생을 비장애학생이 하는 경험에서 제외시키지 않아야 하는 것과 같은 맥락이다. 이제는 우리 사회도 지역사회에서 비장애인과 장애인이 함께 살아가는 연습을 해야 한다. 장애인이 얼마든지 자립해서 살아갈 수 있는 사회를 만드는 건 우리 모두가 함께 나설 때 가능한 일이다.

생각을 바꾸면 해결책이 보인다

학교 사례 발표 강의를 나가면 많은 사람이 우리 학교의 통합교육을 부러워한다. 동시에 '그 학교니까 가능한 일이지, 다른 학교에서는 못 한다'고 말하기도 한다. 하지만 우리 학교라고 해서 아무 어려움이 없는 건 아니다. 비장애인 중심인 사회에서 통합교육이 어렵고 힘들지 않은 곳은 어디에도 없다. 모든 교사가 특별한 소명감을 안고 학생을 가르치지만, 교사 간의 차이가 크다. 다른 학교와 마찬가지로 매일 다양한 문제에 부딪친다. 다만 차이점이 있다면, 그건 바로 통합교육이 벽에 부딪쳤을 때 그저 낙심하고 좌절만 하는 것이 아니라, 해결하려고 하는 누군가가 있다는 것이다. 그 한 사람이 나설 때 나비효과가 일어나고, 그렇게 시작된 변화로 지금까지 조금씩 아주 조금씩 발전하고 있을 뿐이다.

'무엇'을 하느냐보다 '왜' 하느냐가 중요하다

'배달 음식이 도착했다. 맛있는 냄새가 진동한다. 허기가 져서 배에서 꼬르륵 소리가 난다. 그런데 수저가 없다. 주변에도 젓가락이나 숟가락이 없다. 어떻게 먹어야 할지 난감하다.'

이런 상황에서 사람들은 무엇을 할까? 수저가 없다는 이유로 가만히 있을까? 어떻게 해야 할지 모르겠다며 주린 배를 움켜쥔 채 음식만 바라보고 있을까? 그런 사람은 아무도 없을 것이다. 배가 고파서 먹어야 한다면 다른 사람에게 가서 수저를 빌려오든, 아니면 즉석에서 종이나 플라스틱 종류로 수저를 대신하든 어떤 방법을 써서라도 먹고야 말 것이다. 이도 저도 안 되면 그냥 손으로 먹을 수도 있다. 배가 고프면 방법을 찾게 될 것이다.

왜 해야 하는지를 알면 어떻게 해야 하는지는 해결할 수 있다. 만약 '방법을 몰라서, 어떻게 해야 할지 몰라서 못한다'고 한다면 그건 핑계에 불과하다. 앞서 그 음식이 먹기 싫은 음식이었다면, 아마도 '수저가 없어서 못 먹었다'고 핑계를 대며 안 먹을 수 있을 것이다. 그러나 정말로 수저가 없어서 못 먹은 것일까? 수저 탓을 하고 있긴 하지만, 실상은 먹기 싫어서 안 먹는 것일 뿐이다.

장애인과 함께 살아가고 함께 공부하는 것도 '필요성'만 명확하면 방법은 찾게 된다. 물론 한참 우여곡절을 겪고 시행착오가 뒤따르기도 하겠지만 어떻든 하게 된다.

우리 학교의 통합교육을 보기 위해 찾아오는 교육관계자들이 많이 있다. 통합교육이 잘 된다고 소문난 학교이다 보니, 여기 와서 둘러보면 뭔가 배울 만한 게 있을 거라고 생각하는 것이다. 통합교육지원실 팀장인 나 역시도 이런저런 외부 강의 의뢰가 많았다.

사실 이들은 대부분 '무엇을 어떻게 하는지' 방법을 궁금해하며 기대한다. 그러나 나는 강의할 때 통합교육을 왜 해야 하는지 그 철학을 소개하는 데 많은 시간을 할애한다. 통합교육을 왜 해야 하는지를 공유하는 과정에서 다양한 방법과 내용을 찾아 적용해왔기에 단순하게 방법만 안다고 되는 것은 아니라고 생각하기 때문이다.

'장애인 마을' '장애인 나라'가 따로 있을 수 없다. '장애인끼리 분리해 살 수 없으므로 지금부터 함께 생활하며 서로 배워야 한다.' 어쩌면 너무 쉽고 간단한 말 같지만 이것은 매우 중요하고, 흔들릴 수 없는 명확한 근거다. 통합교육을 왜 하는지가 분명하면 방법은 상황에 맞게 자연스럽게 찾게 된다. 어쩌면 우리 학교가 해온 것보다 더 잘할 수 있을지 모른다. 철학만 제대로 가지고 있다면 더 탁월한 방법을 제시할 수도 있다.

'잘해야 한다'는 부담을 버리자

많은 비장애인이 장애인과 함께 지내는 것에 대해 부담을 느끼는 것 같다. 이유를 물어보면 대부분이 장애인을 '잘' 몰라서 어떻게 대해야 할지 몰라 부담스럽다고 하고, 장애인에게 잘하고 싶은데 '잘'할 자신이 없어서 부담스럽다고 한다. 장애인과 함께하는 경험을 해 보지 않으면 그럴 수 있다. 하지만 더 잘하고 싶은 마음은 나중

에 가져도 된다. 장애인과는 함께하겠다는 마음을 갖는 게 더 중요하다. 누군가 나를 부담스러워한다는 건 즐겁지 않은 일이다. 자신을 편하게 느끼고 함께하고 싶은 사람으로 생각해주기를 기대하는 건 장애인도 마찬가지이다. 그러니 그냥 함께 '하면' 된다. 바로 지금!

우리가 바꿔야 할 생각이 하나 더 있다. 장애인과 함께해야 할 필요성은 알지만, 그게 내가 해야 할 일은 아니라고 생각하는 것이다. '누군가 더 잘하는 사람이 있을 거야!' 그러나 장애인과 함께하는 삶에서 '내가 할 일' '네가 할 일'이 따로 있지 않다. 조금 더 전문적인 영역은 특수교사나 관련 전문가가 담당하겠지만, 기본적으로 함께 어울려 사는 것은 우리 모두에게 해당하는 일이다. 모른다고 피할 것이 아니라, 참여하려고 하는 순간 이미 내 안에 답이 있음을 알게 된다. 답을 가진 특정한 누군가가 따로 존재하는 게 아니라, 모두가 함께할 때 답을 하나씩 찾게 된다.

'변화'를 시도해야 변화가 온다

20년 전 우리 학교에 특수교사가 한 학년에 두 명씩 있었던 적이 있다. 밀려오는 장애학생을 감당할 수 없어서 특수교사의 인원을 점점 늘리다 보니, 일반교사가 24명 있는 초등학교에 특수교사가 12명 있게 될 판이었다. 인원 감축이 최대의 이슈로 떠올랐다.

오랜 고민 끝에 나는 특수교사의 인원을 절반으로 줄인다는 파격적인 결정을 내렸다. 특수교사의 인원을 줄이되, 그 빈자리에 섬김이(특수교육지도사)를 배치하기로 했다. 사실 이 결정을 할 때 많이 두려웠다. 통합교육이 중요하다고 강조하면서 특수교사의 인원을 절반으로 줄이다니, 내가 시대를 역행하는 건 아닌지 불안했다. 하지만 특수교사의 수와 무관하게 통합학급 담임교사가 장애학생에 대해 책임감을 갖고 특수교사와 협력하며, 그 책임을 공유하는 것이 진정한 통합교육이라는 생각에 흔들림이 없었다. 또한 당시에는 특수교사가 특수학급 학생을 가르치는 것에 역할이 한정되어 있어서 전문성이 필요 없는 단순 돌봄에도 많은 시간을 투자하고 있었다. 그 역할은 특수교육지도사에게 넘기고, 대신 특수교사의 역할을 통합교육 지원으로 확대해야 한다는 생각에도 변함이 없었다.

이 결정이 내려진 이후로 일반교사는 장애학생을 '우리 반 학생'으로 생각해야 했다. 더 이상 특수교사에게 맡겨두고 있을 수만은 없게 됐다. 자연히 업무가 과중하다며 힘들어했다. 특수교사도 갑자기 늘어난 장애학생 수에 당혹스러워하며 어려움을 호소했다. 무엇보다 장애학생에 대한 개별화교육에 더해 통합교육 지원까지 하게 되면서 역할의 재정립이 필요하기도 했다.

내가 뭔가를 직접 하는 게 아니라 다른 사람이 하도록 하는 일은 쉽지 않았다. 최대한 의견을 수렴하고 더 좋은 방법을 찾으려고 노력했지만, 교사들 사이에서 불평이나 불만이 나올 때면 나도 같이 불안해졌다. 한쪽 귀로 듣고 한쪽 귀로 흘리며 버티는 시간이 필요했다. 장기적으로는 특수교사가 아닌 통합학급 담임교사의 역할이 더 커져야 성공적인 통합교육이 이루어질 것이라는 기대를 버릴 수 없었다. 시간이 흐르면서 차츰 통합학급 담임교사의 역할이 커졌다. 특수교사 역할에도 전문성이 드러나기 시작했다. 더 긍정적이고 효과적으로 방향으로 통합교육이 한 단계 발전했다.

변화를 시도해야 변화가 온다. 변화를 두려워하면 아무것도 달라지지 않는다. 등 떠밀려 가는 것이 아니라, 함께 살아가는 방법을 찾아 나서야 할 것이다.

학교 안에서 길을 찾다

통합교육은 이제 필요를 넘어 당위로 인식되고 있다. 사회적으로나 교육적으로 통합교육에 대한 기대와 요구 수준이 높아졌다. 학교와 교사도 그만큼 고민이 많아졌다. 준비가 안 된 상태에서 통합교육을 의무적으로 해야 하는데, 잘못하면 사회적 비난에 직면할 수 있기에 부담이 클 수밖에 없다. 게다가 교실 상황은 과거에 비해 훨씬 복잡해졌다. 장애학생만이 아니라 경계선급 지능이거나 심리적 어려움이 있는 학생, 다문화가정과 한부모가정, 위기가정 등 다양한 요구를 가진 학생이 교실에 있다. 그런 가운데 교사들은 최상의 통합교육을 요구받고 있다. 무조건 해야 하는 것만으로도 버거운데, '잘해라' '더 잘해라'를 요구받고 있는 것이다. 그래서일까. 강의를 나가 우리 학교의 사례를 말하는 것 자체가 미안할 때도 있다.

우리 학교는 지금처럼 높은 수준의 통합교육을 요구받기 전부터 이 길을 걸어왔다. 막막하고 어려울 때가 많았지만, 한편으로는 '자발적으로' 할 수 있었기에 좋은 점도 있었다. 어떤 일을 누가 시켜서 억지로 하면 '왜 해야 하는지' '어떻게 하는 게 좋은지' 고민하지 못할 수 있다. 교사가 자기 반 학생을 위해 자발적으로 특정 프로그램을 만든다면 힘들어도 즐겁고 신나게 한다. 그러나 학교나 행정기관의 지시로 하게 되면, 요구하는 바에 맞추느라 스트레스를 받고 흥미를 잃어버릴 수 있다.

어쩌면 우리 학교는 누군가의 지시나 요구에 맞추기 위해 통합교육을 한 것이 아니기에 여기까지 올 수 있었는지도 모른다. 그러나 지금 현장에 있는 교사들은 각자의 상황을 고려할 겨를도 없이 당장 통합교육을 해야 한다. 그런 만큼 통합교육을 잘해야 하는 이유를 고민해볼 시간이 필요하다.

울타리가 든든한 넓은 정원을 만드는 일

통합교육이란 대체 무엇일까? 한마디로 비유한다면 울타리가 든든한 넓은 정원을 만드는 것이라고 생각한다. 안전한 울타리를 만들어 그 안의 정원에 다양한 생명을 넓고 깊게 채워가는 과정이라고 할까. 어느 날은 꽃도 피고 새도 날아들 것이다. 어느 날은 비바람이 거세게 불어오고, 차갑고 어두운 밤을 지내야 할 수도 있다. 때가 되면 열매가 맺히는 날도 올 것이다.

통합교육은 장애학생만이 아니라 모든 학생에게 울타리가 든든한 정원을 경험하게 해주는 것이다. 일반적으로 아이들에게 울타리의 역할을 해주는 사람은 부모다. 적어도 부모의 돌봄을 받는 동안 아이들은 안전하게 다양한 경험을 하면서 성장할 수 있다. 그 역할을 연장해서 해나가는 사람이 바로 교사이다. 학교에서 교사는 부모가 할 수 없는 것을 해줄 수 있다. 부모-자식 간의 관계가 아니라, 스승-제자의 관계인 만큼 학생들이 잘 따르기에 교사는 더 많은 것을 제공해줄 수 있다.

언젠가는 아이들이 울타리를 벗어나야 하는 때가 온다. 장애학생도 부모의 품 안에서만 살아갈 수 없다. 성인이 되면 독립할 수 있어야 한다. 그 전에 든든하고 안전한 울타리 안에서 넘어지고 혼자 일어서기도 하면서 충분히 연습하는 시간을 가져야 한다. 가정보다 조금 더 넓은 사회인 학교에서 최대한 다양한 경험을 해보아야 한다.

무엇보다 통합교육은 비장애학생에게 장애인을 아는 것 이상으로 함께 지내는 것에 익숙해지는 환경을 조성해준다. 그 결과 졸업하고 성인이 된 후에도 장애인과 어울리는 것을 조금도 어색해하지 않게 된다. 어색함 없이 익숙하게 다가가고 자연스럽게 어울림으로써 장애인과 더불어 살아가는 사회를 만들 수 있다.

공평이 아니라 공정한 교육

나는 우리나라 모든 학교에서 통합교육이 자연스럽게 이루어지기를 꿈꾼다. 장애학생이 공교육 안에서 비장애학생과 비슷한 수준으로 교육받는 것이 내가 바라는 진정한 통합교육이다. 완벽하게 만족할만한 교육이 되지 못할 수 있다. 그렇더라도 비장애학생을 교육하는 이야기 속에 장애학생의 이야기가 함께 있으면 된다.

장애학생이라고 해서 비장애학생보다 더 특별하게 대해야 한다거나 큰 혜택을 줘야 한다는 부담은 갖지 않아도 된다. 비장애학생에게 교육의 필요성을 느끼고 교육의 질을 고민하듯이, 장애학생에 대해서도 그만큼만 고려하고 고민하면 된다고 생각한다.

비장애유치원생과 비장애중학생을 교육하면서 기대하고 지원하는 것이 다른 이유는 유치원생과 중학생의 수행 능력이 다르고, 그에 따라 사회적으로 기대하는 것이 다르기 때문이다. 당연히 접근하고 지원하는 방법이 달라져야 한다. 장애학생 교육도 이 차원에서 함께 고민해보면, 장애라는 상황으로 인해 학교에서 더 지원해야 하는 것이 당연히 생긴다. 통합교육을 제대로 실현하기 위해 지금 필요한 것은 무조건 똑같은 것을 주는 공평이 아니다. 키가 작은 어린아이에게는 조금 높은 발받침을 주어서 담장 넘어 상황을 볼 수 있도록 하는 것과 같은 공정이 필요하다.

학교 밖에서 길을 찾다

학교와 사회는 무엇이 다를까? 통합교육과 장애인의 사회 참여는 별개의 문제일까? 학교에서 통합교육이 보편화되면, 사회로 그대로 연결되는 것이 당연하다. 그러나 2020년 현재 우리 사회에서 장애인과 비장애인의 통합은 극히 제한적이다. 지금까지 우리 학교를 졸업하고 성인이 된 장애인은 80여 명인데, 그중 사회에 통합되어 활동하고 있는 인원은 열 손가락 안에 든다. 혹시 학교라는 공간에서는 장애인과 비장애인의 통합이 이루어질 수 있지만, 사회에서는 통합이 어렵다고 생각하는 것은 아닐까?

학교 통합교육에서 사회 통합으로

우리 학교에는 내가 일하는 초등학교 말고도 유치원과 중학교가 더 있다. 세 곳 모두 통합교육을 하고 있는데, 학생의 연령대가 달라서 그런지 몰라도 가만히 보면 우리 사회의 모습을 반영하고 있다는 느낌이 들곤 한다. 가령 유치원을 보면, 아직은 장애유아와 비장애유아 사이에 차이가 크지 않고, 누리 교육과정도 놀이 중심이기 때문에 통합이 쉽게 이루어진다. 초등학교를 보면, 학년이 올라가면서 조금씩 또래 관계나 학습에 어려움이 생기기는 해도 아직은 통합이 잘 이루어진다. 그러나 중학교에서는 다르다. 교육과정이 어렵고 장애학생과 비장애학생의 수행 수준에 차이가 많이 난다는 이유로 통합교육에 대해 회의적이다. 실제로 장애학생이 중간에 특수학교로 전학하거나 학교생활에 불만을 느끼는 일이 많았다. 그래서 중학교의 통합교육을 한 단계 발전시키기 위해 다 함께 집중해서 노력하는 시간을 갖기도 했다.

내가 20년 가까이 일하던 초등학교를 잠시 떠나 중학교로 자리를 옮긴 것도 바로 그때이다. 교무회의 시간, 같은 교사인데도 초등학교 교사 그룹과 중학교 교사 그룹은 아주 달랐다. 초등교사는 초등학생 같고, 중등교사는 중학생 같다고나 할까? 물론 내가 속한 그룹이 아니어서 이질성에 놀란 것일 수도 있지만, 특히 장애학생 관리에서 차이가 많았다. 중학교 교사는 초등학교 교사 만큼 학생을 세심하게 보살피지 않고 관리가 소홀한 것 같다고 느껴졌다.

한참 시간이 지난 후에 나는 나름대로 결론을 내렸다. 두 교사 그룹은 근본적인 시작점이 달랐다. 초등학교 교사의 경우에는 학생에 관한 전반적인 사항을 파악하고 관리하는 것이 우선이고, 교과는 그 다음이었다. 그러나 중학교 교사의 경우에는 교과 전문성을 중심으로 학생을 바라보았다. 어찌 보면 특수교사도 중학교 교사에 가까운 성향을 가지고 있는지도 모른다. 그렇게 생각하고 보니 중학교 교사의 특성도 확실한 강점임에 틀림없었다.

우선 교과의 전문성이 명확해서 교육과정의 수정이 잘 이루어졌다. 학생의 수행 능력만 정확하게 파악하면 수업 목표를 수정하거나 학습 자료와 평가를 적절하게 조정하는 것도 쉽게 실행할 수 있었다. 초등학교에서는 장애학생과 비장애학생의 물리적 통합이나 사회적 통합은 크게 어렵지 않았지만, 교육과정을 어떻게 통합할 것인가는 여전히 과제로 남아있었다. 그런데 중학교에서는 처음에는 어려웠던 물리적 통합과 사회적 통합을 해결하고 나니, 교육과정에서의 통합은 훨씬 쉽게 이룰 수 있었다.

학교에서의 통합을 초등학교 분위기에 비유한다면 사회에서의 통합은 중학교 분위기와 비슷하지 않을까. 처음에는 어렵지만 어느 순간에 이르면 훨씬 더 쉽게 이루어질 수 있으리라고 나는 기대한다. 장애인의 사회 참여가 왜 중요한지 그 근거를 확실하게 공유할 수 있다면, 각자의 자리에서 받아들이는 것은 훨씬 쉽게 이루어지고, 장애인의 삶의 질도 그만큼 높아질 것이다.

핵심은 탈시설, 탈프로그램이다

학교 안에서 장애학생은 보호받고 적합한 교육을 받는다. 졸업을 한 후에는 어떻게 될까? 아니, 그 전에 당장 방과 후에는 어디로 가야 할까? 사실 학교에 있는 시간은 장애학생의 전체 인생 중 극히 일부에 지나지 않는다. 그 다음이 문제다. 학교가 아닌 공간, 곧 사회에 나가서도 장애인과 비장애인이 함께 잘 지낼 수 있게 하는 것이 중요한 과제다.

학교에서 통합교육이 끝나면 그 다음은 지역사회가 통합을 담당해야 한다. 뭔가 특별한 혜택을 주는 식의 시혜적인 관점에서가 아니라, 장애인의 입장에서 생각하고, 장애인에게 정말 필요한 것이 무엇일지 고민할 필요가 있다.

장애인이 사회에 자연스럽게 통합되기 위해서는 지역사회에서 보내는 시간이 충분해야 하고, 지역 주민들과 함께할 수 있는 개방된 공간과 열린 마음이 필요하다. 장애를 기능의 손상이나 개인의 능력에 결함이 있는 것으로 바라봐서는 안 된다. 장애가 있어도 비장애인과 동등하게 사회적·문화적 권리를 누릴 수 있어야 한다는 사회적 관점에서 접근해야 한다. 장애인이 어디든 쉽게 접근할 수 있고, 그 속에서 일상생활을 누릴 수 있어야 한다. 지역 주민들과 함께하는 활동에 직접 참여하고, 생산 활동에 참여해 소득을 얻고, 소비 활동도 하면서 다른 사람과 지속적으로 관계 맺을 수 있어야 한다. 특히 돈을 주고받는 관계 이상의 인간관계가 필요하다.

최근 장애 관련 이슈 중에서 탈시설과 탈프로그램은 매우 의미 있는 일이다. 장애인만을 위한 시설이나 장애인만을 위한 프로그램이 아니라, 비장애인과 함께하는 것이 중요한 가치로 떠오르고 있다. 주거 생활도 장애인끼리 모여 사는 것이 아니라, 비장애인과 함께 생활할 수 있는 주거 형태가 필요하다. 장애인 시설이 아닌 지역사회에서 함께 살 수 있어야 하고, 직장도 장애인만을 위한 작업장이 아니라 비장애인과 함께 일하는 공간이 있어야 한다.

비장애인의 입장에서 제공하는 서비스 프로그램이 아니라, 장애인 당사자가 필요로 하는 지원을 제공해야 한다. 여가나 문화생활

등에서도 장애인만을 위한 복지관의 프로그램이 아니라, 지역사회에서 비장애인이 참여하는 프로그램에 장애인이 함께 참여할 수 있도록 해야 한다.

장애인도 일자리가 필요하다

우리는 왜 직장을 다니는 걸까? 늘 유쾌하고 재치 넘치는 동료가 언젠가 내게 했던 말이 떠오른다.

"송명숙 쌤은 자아실현을 위해서 직장에 다니지요? 나는 생계형 직장인인데!"

이 말은 사람들이 직업을 갖는 이유를 잘 말해주고 있다. 직장은 돈은 벌기 위한 곳이기도 하지만, 자아실현의 장이 될 수도 있다. 그러므로 장애인도 일자리가 필요하다. 나이 든 비장애인도 정년퇴직을 하고 나면 사람과 만날 수 있고 어딘가 갈 수 있는 곳이 필요하다고 하는데, 젊은 장애인이라면 더 말할 것도 없을 것이다.

우리 학교에서는 졸업생에게 학교와 연관되어 일할 수 있는 자리를 제공한다. 도서관과 매점, 커피숍이 대표적이고, 수영장이나 복지관 사무실에도 성인장애인을 위한 일자리가 마련되어 있다. 지역사회에서도 이 정도 시도는 충분히 감당할 수 있을 것이라고 기대한다.

그나마 요즘은 장애인을 위한 일자리가 많이 다양해졌다. 장애인 고용이 의무화되었기 때문이다. 문화의 전당 접수 파트나 국회에서 복사하는 업무처럼 대규모 직장에서 일하는 장애인이 늘고 있다. 한 사람의 사회인으로 당당히 기여하고 있다. 내 제자 중에도 큰 기관에서 일하는 아이들이 있는데, 자신의 직업에 대해 큰 자부심을 느낀다. 이런 멋진 일자리가 더 만들어진다면 장애인에게 더할 나위 없이 행복한 인생을 선물해줄 것이다.

장애인 고용 문제는 장애인 교육만큼이나 중요한 이슈이다. 아니, 장애인 교육의 목적이 장애인 고용이기도 하다. 안타깝게도 정책적으로 장애인 고용을 의무화했음에도 아직 따르지 않는 기업이 많다. 고용부담금을 내더라도 장애인을 고용하지 않겠다고 한다. 사실 이러한 현상은 제도적인 문제라고 볼 수밖에 없다. '어기면 벌금을 내야 한다'는 것은 '어길 수 있다'는 것을 의미하기 때문이다.

장애인은 일을 잘하지 못할 것이라는 편견은 장애인이 일하는 모습을 실제로 본 적이 없기 때문에 생겨난다. 기업주 입장에서는 선뜻 고용하기가 불안할 수 있다. 장애인과 함께 일한 경험이 부족하다 보니, 장애인을 고용해서 생길 수 있는 문제에 어떻게 대처해야 할지 자신감이 없을 수도 있다. 영세사업장일수록 도전하기에는 더욱 무리가 있다는 것도 이해가 된다. 그러나 왜 함께 일해야 하는지 그 이유가 분명해지면 방법은 찾고 만들면 된다. 장애인을 고용하겠다는 의지만 있으면 기존에 있던 일자리에 장애인을 고용하는 것뿐만 아니라, 새로운 일자리를 만들 수 있다. 장애인의 특성과 잠재능력, 상황에 맞게 새로운 업무를 만들어내는 것이다. 그 방법은 학교 통합교육에서 교육 목표나 수업 내용을 수정했던 것과 크게 다르지 않다. 장애인 고용 전문가가 직장의 여러 업무 가운데서 장애인이 할 수 있는 일을 모아 별도의 업무를 만들거나, 꼭 필요한 일인데 아무도 하지 않은 일을 찾아서 새로운 일자리를 만들기도 한다.

그러니 일단 장애인과 함께 일하겠다는 마음이 필요하다. 걱정되는 점이 있다면 장애인에게 일자리를 제공한 사업장의 사례를 참고하여 준비하면 된다. 보건복지부나 노동부, 교육부 등에서 장애인 취업을 위한 다양한 제도와 지원을 마련하고, 장애인 고용 사례도 충분히 제공하고 있으므로 참고하면 된다.

진정한 복지사회라면 장애인 고용에 대해 너무 크게 부담 가질 필요가 없는데, 우리 사회는 아직 그 단계까지는 가지 못하고 있다. 물론 처음에는 장애인과 같이 일하는 게 어려울 수 있다. 하지만 그게 우리 모두가 감당해야 하는 일이라고 생각한다면 방법을 찾을 수 있다. 꼭 가야 하는 길이니 우리 사회가 조금씩 바뀌어 나가길 소망한다.

장애인의 사회 참여를 위하여!

사회에서 어떻게 통합이 잘 이루어질지 그 방법적인 측면에 대해서는 다양한 연구가 더 필요하다고 생각한다. 교육계에서는 40-50년 정도 고군분투하는 시간 동안 통합교육을 효율적으로 할 수 있는 방법에 대한 연구가 많이 이루어졌다. 그러나 우리 사회에서는 장애인의 사회 참여를 위한 방법에 대해 고민한 시간이 길지 않은 만큼 아직 많이 부족하다. 그러므로 우리가 각자의 자리에서 장애인과 함께 살아갈 방법을 찾는 것이 가장 빠르고 정확할 것이다. 장애인 관련 전문가에게만 맡길 것이 아니라, 지금 서 있는 자리, 그 현장의 전문가가 장애인과 함께할 마음을 갖는다면 더 적합한 방법으로 장애인의 사회 참여를 지원할 수 있을 것이다.

이제 우리 사회 전체가 장애인의 사회 참여를 위해 한 걸음을 떼어야 할 시간이다. 통합교육은 이미 법적 기반을 가지고 학교에 들어왔다. 지역사회와 직장 등에도 곧 그날이 올 것이다. 지금 발걸음을 떼지 않는다면 그동안 학교에서 경험했던 어려움을 그대로 되풀이할 수밖에 없다. 누군가의 힘에 밀려서 떼는 발걸음은 중심을 잃고 흔들릴지 모른다. 먼저 힘을 내어 한 걸음 내딛으면 더 좋은 방향을 찾아 나갈 수 있을 것이다. 등 떠밀려 가는 것이 아니라 장애인과 비장애인이 함께 살아가는 방법을 스스로 찾아나서야 한다.

내가 사는 동네, 시장, 체육관, 도서관, 문화센터, 직장 그 어디에도 장애인이 함께 있을 수 있다. 지금 이곳에 장애인이 없다면 왜 함께하지 못하는지 그 이유를 나열할 것이 아니라, 어떻게 하면 함께할 수 있는지 방법을 찾아야 한다. 장애인을 수용할 수 있는 사회라면 비장애인에게는 훨씬 더 좋은 사회가 될 것이라고 나는 확신한다. 비장애학생에게 좋은 것이 반드시 장애학생에게도 좋은 것은 아니었지만, 장애학생에게 좋은 것은 늘 비장애학생에게도 좋은 것이었다. 장애인을 받아들이기 위해 한 걸음 떼어보자!

통합교육, 열 사람의 한 걸음으로

교육방법일까? 교육철학일까?

최근 특수교육계에서는 통합교육 내실화가 중요한 이슈이다. 통합교육이 보편화되면서 이제 질적으로 높은 수준의 통합교육을 기대하며 요구하는 상황이 되었다. 효과적인 통합교육을 하기 위한 다양한 방법과 내용에 점점 관심이 집중되고 있다.

많은 특수교육 전문가가 우리 학교의 통합교육에 대해 궁금해할 때, 나 또한 좋은 통합교육 모델을 만들어서 모든 학교에서 편안하게 장애학생을 받아들이고 함께할 수 있는 좋은 교육 방법을 제시하고 싶었다. 그러나 방법만으로는 한계가 있었다. 왜 해야 하는지 그 철학을 분명하게 공유하지 않은 통합교육은 '모래 위에 지은 집'

과 같다. 방법을 고민하기 전에 왜 해야 하는지 그 가치와 필요성에 대해 확신을 갖게 하는 것이 중요하다. 그래서 방법을 묻는 사람들에게 나는 통합교육을 해야 하는 이유를 말하는 것에 더 많은 시간을 투자했다. 교육철학이 명확하다면 어려운 순간에 부딪혀도 헤쳐 나갈 수 있고, 각자 처한 상황과 여건에 맞게 방법을 찾아가게 마련이라고 믿기 때문이다.

바로 지금! 다른 사람이 아닌 내가!

장애인은 나와 다르기 때문에 장애인에게 맞는 환경에서 따로 모여 살도록 해줘야 한다고 생각해본 적이 있지는 않은가? 아니다. 다르기 때문에 장애인과 비장애인은 더욱 함께 살아야 한다. 함께 살면서 서로가 서로를 채워주어야 한다. 장애인은 도움만 받고 비장애인은 돕기만 하는 것이 아니다. 서로 도움을 주고받을 수 있다. 장애인은 비장애인에게 도움을 받으며 성장하고, 비장애인은 장애인의 도움으로 성숙해진다. 그렇게 어느 순간부터는 서로에게 의미 있는 존재가 되어간다. 이런 가치를 배워가는 출발점이 통합교육이다.

통합교육을 위해 나는 무엇을 해야 할까? 특수교육 전문가와 전공서적에서 제시하는 내용은 매우 다양하고 분량도 방대하다. 무엇을 할 것인지는 각자 다르다. 장애학생의 학부모인가? 장애학생의 교사인가? 장애학생의 친구인가? 어느 자리에 있든 그 자리에서 자신이 할 수 있는 역할을 찾아보면 된다. 교사로서, 학부모로서, 친구로서 지금 하고 있는 그 노력은 절대 헛되지 않다. 그 하나하나가 소중한 한 발자국이다. 장애와 장애인을 바라보는 관점과 방향성이 맞는다면, 이제 한 걸음씩 같이 나아가면 된다.

아직도 많은 학교에서 장애학생에 대한 이해가 부족하고 어떻게 가르쳐야 할지 방법을 몰라 힘들어한다. 그렇더라도 학생이 있으니 통합교육을 해야 하는 상황이 되었다. 통합교육은 더 이상 거스를 수 없는 흐름이다. 남의 일이 아니기에 더 이상 강 건너 불구경일 수 없게 되었다. 학교만이 아니라 우리 사회도 곧 이 과정을 거치게 될 것이다. 그러니 이제는 다른 사람이 아니라 내가! 나중에 등 떠밀려서 하는 것이 아니라 바로 지금! 다른 곳에서가 아니라 바로 이자리에서! 각자의 자리에서 모두를 위한 통합교육을 싹 틔우고 꽃 피우며 열매 맺는 삶을 그려나가길 기대한다.

모두가 함께하는 그날을 꿈꾸며

이 책에서 나는 통합교육을 말하기 위해 장애인을 바라보는 우리의 시선으로 이야기를 시작했다. 장애를 올바른 관점에서 바라볼 수 있어야 통합교육, 더 나아가 장애인의 사회 참여가 튼튼히 뿌리를 내리고 흔들리지 않을 수 있기 때문이다.

이 책을 읽는 동안 장애학생이 왜 비장애학생과 함께 생활해야 하는지 알게 되고, 각자의 자리에서 장애인과 함께하겠다는 마음만 정해졌다면 성공이다. 무엇을 할 것인지는 천천히 생각하면 된다. 너무 많은 것을 잘하려는 부담을 버리기를 바란다. 부담이 아닌 가능성에 대한 기대로 하나를 할 수 있으면 족하다. 그 하나하나가 모여서 비장애인과 장애인이 함께 살아가는 사회를 이루어낼 수 있다. 혼자 열 걸음을 가려고 무리하지 않기를 바란다. 그보다는 모두가 한 걸음씩 동참할 수 있기를 간절히 소망한다.

장애인과 비장애인이 함께하는 통합교육과 장애인의 사회 참여를 향해 가는 길이 짙은 안개가 낀 도로와 같다고 느껴진다면, 그 순간 비상등을 켜면 된다. 이 책이 그 작은 불빛이 되기를 기대하며 나는 지금 여기에서 비상등을 켠다.

1. 장애가 뭔가요?

장애는 아픈 것도 아니고, 손상이나 결핍도 아닙니다. 우리 모두가 다르기에 지니는 다양성이자 특성일 뿐입니다. 그러므로 비장애인과 다른 존재로 구분할 것이 아니라, 오히려 그 다름으로 인해 사회생활에서 불이익을 받지 않도록 사회가 자원과 전략을 개발하고 지원해야 합니다.

2. 장애의 원인은 뭔가요?

장애의 원인은 너무 많아서 쉽게 단정 지어 말할 수 없습니다. 원인을 알면 치료 방법을 찾게 될 거라는 생각처럼 장애가 단순하지 않습니다. 설령 유전이 원인이라고 해도, 왜 그 유전이 발현했는지 이유를 설명할 수가 없습니다. "Nobody knows!".

3. 왜 장애인과 비장애인이 함께해야 하나요?

함께하지 않아야 할 이유가 뭔가요? 장애인이 함께 살고 싶다고 말한다면요? 함께 살면서 서로가 서로를 채워주어야 합니다. 장애인은 도움만 받고 비장애인은 돕기만 하는 게 아닙니다. 서로 도움을 주고받을 수 있습니다. 장애인은 비장애인에게 도움을 받으며 성장하고, 비장애인은 장애인의 도움으로 성숙해집니다. 무엇보다 장애인도 비장애인과 동등하게 누리고 살아갈 권리가 있습니다. 더불어 사는 사회는 당연한 것입니다.

4. 장애인을 어떻게 도와줘야 하나요?

먼저 장애인 본인에게 직접 물어보는 것이 좋습니다. 처음부터 나서서 도와주는 건 적절한 방법이 아닙니다. 도움이란 주는 사람의 입장이 아니라, 받는 사람의 상황과 필요를 배려하는 것입니다. 어떤 도움이 필요한지 물어보고, 옆에서 잘 살펴보고 도와주어야 합니다.

5. 무엇이 진정한 도움인가요?

함께 있는 것이 가장 큰 도움입니다. 있는 모습 그대로를 존중하면서 바라보고, 옆에서 자연스럽게 어울려 생활하면서 필요할 때 도움을 주면 됩니다. 먼저 다가가서 장애인을 알아가고 함께 해주세요. 그저 친구가 되고 이웃이 되어주세요.

모두를 위한 통합교육을 그리다

: 특수교사 송명숙이 전하는 25년간의 도전과 실천 사례

지은이 | 송명숙
펴낸이 | 곽미순   책임편집 | 윤도경   디자인 | 신미연
펴낸곳 | (주)도서출판 한울림   편집 | 윤도경 윤소라 이은파 박미화
디자인 | 김민서 이순영   마케팅 | 공태훈 윤재영   경영지원 | 김영석
등록 | 2008년 2월 13일(제2021-000316호)
주소 | 서울특별시 마포구 희우정로16길 21
대표전화 | 02-2635-1400   팩스 | 02-2635-1415
블로그 | blog.naver.com/hanulimkids
페이스북 | www.facebook.com/hanulim
인스타그램 | www.instagram.com/hanulimkids

첫판 1쇄 펴낸날 | 2021년 3월 15일
    3쇄 펴낸날 | 2023년 9월 12일

ISBN 978-89-93143-95-9 (03370)

*한울림스페셜은 (주)도서출판 한울림의 장애 관련 도서 브랜드입니다.
*잘못 만들어진 책은 바꾸어 드립니다.